Susanne Jorczik

„Wer ist hier die Beste?"

„Du!"

„Wer ist hier die Beste"

„Du!"

Dieses Buch widme ich allen Frauen dieser Welt.

In diesem Buch gibt es Teile, die aus dem Leben
gegriffen sind und als Fallbeispiele gesehen
werden können. Ähnlichkeiten mit lebenden
oder verstorbenen Personen oder
Begebenheiten sind nicht gewollt oder
beabsichtigt.

FSC
www.fsc.org
MIX
Papier aus ver-
antwortungsvollen
Quellen
Paper from
responsible sources
FSC® C105338

Herstellung und Verlag: BoD – Books on Demand, Norderstedt
ISBN: 9783755730989

1. Auflage 2022

Lektorat: M.A.
Korrektorat: L.J. und J.M

Covergestaltung: Lennart Jorczik, Sören Jorczik
Covermotiv: Copyright Lennart Jorczik

Bibliographische Information der Deutschen Nationalbibliothek verzeichnet diese Publikation in der Deutschen Nationalbibliografie; detaillierte bibliografische Daten sind im Internet über dnb.dnb.de abrufbar.

*"Ich wünsche und hoffe, dass unsere Gesellschaft
versteht, dass alle* Feminist*innen sein müssen,
um unsere Menschenrechte zu wahren."*

Tayo Awosusi-Onutor
Sängerin; Autorin; Regisseurin; Politische
Aktivistin und Mutter

Inhalt

Wer ist hier die Beste?

Kommunikation – von Frau zu Frau
Wie sie Dich beruflich weiterbringt

<u>Einleitung:</u>

Was zu diesem Buch geführt hat? – Frauen!
Ich war und bin immer noch der Meinung, dass
es nicht vorwiegend Männer sind, die uns Frauen
die Beine stellen. Es sind oft Frauen, die das tun.
Das sehe ich als Problem an, denn wir Frauen
sollten uns solidarisch zueinander verhalten und
uns gegenseitig helfen. Damit meine ich alle
Frauen und die, die sich als solche fühlen.
Ich bin Lehrerin und natürlich habe ich bereits
innerhalb meiner Familie als Mädchen meine
Erfahrungen mit althergebrachten
Rollenmustern gemacht. So klischeehaft es auch
für viele Menschen heutzutage klingt, doch
wirken die Rollenmuster, in denen wir
jahrhundertelang gelebt haben, noch aktuell
weiterhin fort. Wenn auch nicht mehr
flächendeckend in der Form wie vor 100 Jahren.
In den letzten Jahren gibt es immer mehr sehr
leistungsstarke und ehrgeizige Frauen, die mit
männlichen Mitarbeitern überhaupt kein
Problem haben. Doch treffen sie in der
Berufswelt dann auf Kräfte, die gegen sie
arbeiten, mit denen sie gar nicht gerechnet
haben, nämlich andere Frauen. Diese

Erfahrungen können sehr schmerzhaft sein. Die Entwicklung könnte uns insgesamt positiver in die Zukunft schauen lassen, weil mehr Frauen Führungspositionen in Betrieben oder Behörden besetzen. Auch wenn sie bis jetzt bei den Aufsichtsratsposten immer noch stark unterbesetzt sind. Doch leider ist dem bis jetzt nicht so.

Machtauseinandersetzungen am Arbeitsplatz gehören zum Arbeitsalltag.

So ist es eigentlich normal, dass sich auch Frauen daran beteiligen. Für die betroffenen Frauen ist das wohlmöglich ein Mantra, das sie sich ständig sagen müssen, um sich zu trösten. Denn aus der Sicht der Frauen erleben wir Frauen diese Konflikte sehr zerstörerisch. Vermutlich nicht zuletzt dadurch, dass die Frau denkt, sie müsse doch durch die Teilnehmer ihres eigenen Geschlechts gestützt werden.

Ich bin mir sicher, dass wir mehr Frauen in Führungspositionen brauchen und der gute Umgang miteinander einen guten Boden für erfolgreiches Handeln und Wirtschaften darstellt.

Sicher betrachten Männer den Umgang, den Frauen zuweilen miteinander haben, als „Zickigkeit" oder „Stutenbissigkeit", weil sie im Grunde gar nicht verstehen, was da abläuft. Und mir selbst ging es zuweilen auch so, auch wenn es mich gar nicht betraf und ich froh war, nur Zuschauerin und nicht Beteiligte zu sein.

2

Im ersten Kapitel beschreibe ich, wie sich Konkurrenz durch einen einzigen Blick aufbauen kann. Sie erfolgt non-verbal, ohne ein gesprochenes Wort entfaltet ein Blick seine Wirkung. Und wenn man entsprechend handelt, dann bleibt die Kommunikation zwischen zwei Frauen auf dieser Ebene oder der Konkurrenzdruck kann sogar für die Zukunft abgebaut werden.

Im zweiten Kapitel werden die Zusammenhänge zwischen Sprache, Denken und Wirklichkeit kurz angesprochen. Dabei muss man berücksichtigen, dass Frauen vorwiegend kommunizieren, um eigentlich eine gute Beziehung zu anderen Menschen aufzubauen. Wir sind als Frauen sozusagen immer auf der Suche nach Freundschaften und guten Kontakten.

Im dritten Kapitel werden die Gründe dafür aufgezeigt, warum wir Frauen uns dafür sogar verbal kleiner machen als wir sind.

Im vierten Kapitel wird dann deutlich, wie wir uns innerlich von Männern unterscheiden. Doch dafür können wir nichts. Wir Frauen werden oft hormonell so gesteuert, dass wir nicht den Streit, sondern die Harmonie suchen. Und trotzdem können wir Abläufe ändern, wenn wir sie uns bewusst machen und wir darauf gezielt Einfluss nehmen. Die Lösung liegt dafür im Conceptual Change.

Im Kapitel fünf geht es um die Kleidung und das Aussehen, denn so wie man sich fühlt, so wirkt man auch nach außen. Doch es kann auch umgekehrt wirken, so wie man sich nach außen zeigt, so kann man sich auch fühlen. Ähnlich ist es bei Schauspielern. Sie geben nichts vor, wie man häufig denkt. Sondern sie sind erst wirklich gut, wenn sie eine Rolle annehmen, indem sie sich mit ihr identifizieren. Es geht nicht darum anderen etwas vorzumachen, sondern sich seiner Rolle bewusst und dieser gerecht zu werden, wenn man Erfolg haben will.

Im sechsten Kapitel werden Statussymbole vorgestellt und warum es wichtig sein kann, sich dieser zu bedienen.

Nachfolgend werden im siebten Kapitel die unterschiedlichen Gesprächs-/ Talkformen vorgestellt. Dabei reicht das Spektrum bis zum Kill-talk, der die höchste Eskalationsstufe darstellt. Gerade den Kill-talk, ein giftiges Schweigen, gilt es im privaten und besonders im beruflichen Leben zu vermeiden, doch oft ist er erst ersichtlich, wenn es zu spät ist.

Im achten Kapitel werden Stimme und Redeweise vorgestellt und welchen Einfluss sie auf die Kommunikation haben.

Wie kann Konkurrenz unter Frauen letztendlich
gut sein? Denn sie wird im Allgemeinen als
unangenehm bis hin zu verletzend empfunden.

Wie wichtig es sein kann, eine Konkurrentin zu
haben wird im neunten Kapitel vorgestellt.

Im zehnten Kapitel dreht sich alles um Sprache
und Emotion, weil uns Gefühle im Grunde daran
hindern können unser Gesprächsziel zu
erreichen, auch wenn wir es noch so engagiert
vortragen.

Wenn wir Vorträge halten, selbst wenn sie
kleinerer Art sind, kann es zu Angriffen kommen.
In Kapitel elf geht es um Gesprächsangriffe und
wie wir damit umgehen, um uns nicht irritieren
zu lassen oder wohlmöglich noch in andere
Gesprächsbahnen zu bringen.

In Kapitel zwölf und dreizehn geht es zum einen
um das Wort „Entschuldigung" und zum anderen
um die richtige Haltung dazu. Auch wenn viele
Männer dieses Wort als Zeichen von Schwäche
auslegen, heißt das nicht, dass wir uns ihrer
Sprache in allem anpassen müssen.
Dabei wird beschrieben, wie wir uns gegenüber
unseren Feindinnen, wenn man sie als solche
überhaupt bezeichnen will, positionieren.
Und warum es Hierarchien gibt und wieso es
wichtig ist, diese einzuhalten, ist in Kapitel
vierzehn zu lesen.

Kapitel fünfzehn thematisiert Solidarität, die das Gegenteil von Konkurrenz sein soll.

Doch hat auch das seine Grenzen, wenn das Bienenköniginnen – Syndrom, das in Kapitel sechzehn vorgestellt wird, einem das Leben unerträglich machen kann.

Im letzten Kapitel siebzehn geht es um die Schwarmhaltung, die letztendlich für alle viel gewinnbringender als das Einzelkämpferdasein ist.

Grundsätzlich haben die Inhalte dieses Buches natürlich keinen Absolutheitsanspruch. Und sicherlich könnte man aus jedem einzelnen Kapitel ein Buch schreiben und es mit gesicherten statistischen Erhebungen und wissenschaftlichen Berichten untermauern, doch würde es an meiner Zielsetzung und -gruppe vorbeigehen. Es sind lediglich aus neueren Untersuchungen zusammengeschriebene Erkenntnisse, die der Frau im Berufsleben und möglicherweise auch im privaten Leben weiterhelfen sollen, sich selbst nach vorn zu bringen. Dass Männer und Frauen angeblich von zwei verschiedenen Planeten stammen und sich deswegen nicht verstehen. Trotzdem können sie sich verstehen und darüber ist schon viel geschrieben worden. Doch wir Frauen müssen nun endlich anfangen uns zu verstehen und gegenseitig zu unterstützen und leider ist bis jetzt darüber meines Erachtens zu wenig geschrieben worden. So dass ich dieses Buch geschrieben habe, in der Hoffnung, dass es uns Frauen hilft, besser einander zu verstehen, miteinander umzugehen und erfolgreich zu agieren.

Es gibt viele Kommunikationstrainings-Handbücher. Doch zu dem Problem, dass es oft Frauen sind, die andere Frauen am Fortkommen hindern oder sie sogar aus den Firmen oder Behörden kicken. Darüber gibt es bis jetzt wenig Literatur.
Der Schlüssel zum gegenseitigen Verstehen ist die Kommunikation. Und wer die versteht und beherrscht steht auf der Gewinnerseite. Dennoch gilt, dass ein einmaliges Lesen und Verstehen nicht voraussetzt, dass man gute Kommunikation beherrscht. Der Anspruch an sich selbst muss daher niedriger angesetzt werden. Es kann lediglich darum gehen, Signale zu erkennen, richtig deuten zu wollen, darauf zu reagieren, wenn man unsicher ist und eventuell nachzubessern. Denn wir müssen uns im Klaren darüber sein, dass wir uns die meiste Zeit missverstehen. Das gilt für Männer und Frauen ebenso wie für Frauen und Frauen. Davon sind Kinder erstmal ausgenommen. Männer kommunizieren häufig auf der vertikalen und Frauen hingegen auf der horizontalen Ebene. Das bedeutet kurz hier erklärt, dass Männer meistens

in hierarchischen Arbeitsmustern denken und sprechen und Frauen sich hingegen an Beziehungsmustern zwischen den Menschen orientieren. Auch das gilt selbstverständlich nicht für alle Männer oder Frauen gleichermaßen. Und in außereuropäischen Ländern mögen auch ganz andere Probleme und Sprachsysteme vorherrschen. Mein persönlicher Arbeitskontext orientiert sich an den mir bekannten westlichen Industriegesellschaften.

Auch können die vorgestellten Fälle oder Methoden nicht bei traumatischen Erlebnissen oder sexueller Gewalt oder anderen kriminellen Handlungen angewandt werden. In diesen Fällen müssen fachspezifische Therapeuten aufgesucht oder sogar strafrechtliche Schritte eingeleitet werden.

Die vorgestellten Aspekte und Methoden, die ich hier vorstelle, nützen nicht viel, wenn die Organisation eines Unternehmens oder das Handeln einer Behörde bereits grundlegend schief liegt.

Alles, was ich hier darlege, ist eine Sammlung aus eigenen Erfahrungen und Berichten von mir sowie Berichten anderer Frauen. Die dargestellten Methoden versuchen pragmatische Lösungen für den Arbeitsalltag zu bieten, da sie sich schon einmal bewährt haben. Doch eine Garantie, dass sie es auch in Zukunft tun werden, kann ich nicht geben.

Ich bin weder eine Geschlechterforscherin noch fertig ausgebildete Psychologin, zwar Lehrerin

für Deutsch und Erdkunde mit ein paar
Semestern Psychologie, aber dennoch im Falle
des Buches nur eine Beraterin.
Doch ich finde, dass es wenig Sinn macht, wenn
Männer aus ihrer Sicht Bücher über Frauen und
ihre Fähigkeit zu kommunizieren schreiben.
Sicher, sie sehen sich als außenstehende und
damit scheinbar objektive Beobachter. Doch ist
das nicht wieder typisch männlich und vertikal
denkend? Als Frau kann ich logischer Weise das
Verständnis, die Rolle, die Perspektive und die
Gefühlswelt besser vernetzend verstehen als
jemand, der uns Frauen nur von außen
betrachtet.
Da mein Blick auf die Kommunikation
pragmatisch ausgerichtet ist, scheue ich mich
nicht vor vereinfachten Aussagen. Auch wenn ich
wahrscheinlich dafür angegriffen werde.
Doch nehme ich Kritik gern an, sofern sie
konstruktiv ist.
Abschließend möchte ich noch betonen, dass die
Namen und Orte für dieses Buch verändert
worden sind. Sollten trotzdem Ähnlichkeiten mit
lebenden Personen, Orten, Firmen oder
Behörden vorhanden sein, ist dies sicher nicht
von mir beabsichtigt und rein zufällig.

1 Der Scannerblick

Wer kennt das nicht? Ein Blick von oben nach unten, als würde man gescannt werden. Und bestenfalls zieht der Blick dann auch noch ein weiteres über einen, und zwar dieses Mal andersherum, nämlich von unten nach oben. Dann ein Lächeln und so tun, als habe man sich doch jetzt erst gesehen. Als habe der zuvor geschehene Blick gar nicht stattgefunden und sei nur eine Einbildung.
Das kann eine Situation bei einer Party oder im Kreis von Kolleginnen sein. Ein unangenehmes Gefühl macht sich breit und die Frage kommt in einem auf, wie geht man damit um?
Was mag der Grund sein, den man für diesen Blick geliefert hat?
Liegt es an der Kleidung, der Frisur, dem Make-up oder etwas Anderem? Ist etwas nicht in Ordnung? Man fühlt sich als würde man sich unter einer Lupe befinden. Der wahrgenommene Fehler wird eventuell gefunden und wird einem mitgeteilt oder es wird daraus schlimmstenfalls noch eine große Geschichte gesponnen, die hinter dem Rücken erzählt wird, ohne dass man als Betroffene selbst davon erfährt. Doch in den wenigsten Fällen wird einem gesagt, was der Blick tatsächlich für einen Grund hat. Ich habe es selten erfahren, dass ich nach diesem Blick verbal kritisiert wurde. Die wenigen Male in meinem Leben, an denen das geschah, kann ich an einer Hand abzählen. Dann waren es auch

meist Verwandte, die sich mit ihrer Kritik offenbar sicher fühlten, so zum Beispiel, dass das Nutella, das noch vom Frühstück an meiner Wange klebte oder die weißen Haare meines Hundes, die mein Kleid unfreiwillig verzierten, doch bitte, bevor ich das Haus verlassen sollte, beseitigt werden.

Die Verunsicherung, die üblicherweise allein unter Frauen so ein Scannerblick ausübt, kann zur Angst führen, weil man nicht weiß, was daraus werden kann. Im schlimmsten Fall zu traumatischen Erlebnissen.

Vielleicht sollte man dann einfach einmal extravagant zu einer Party gehen oder in einem Piratenkostüm zur Arbeit kommen, mit dem Hinweis, dass man an einem Experiment teilnimmt. Es muss ja niemand wissen, dass man sich selbst zum Versuchskaninchen seines eigenen Experimentes gemacht hat. Nicht ganz so, aber so ähnlich ist es mir bei einer Veranstaltung des Sportvereins ergangen, wenngleich unfreiwillig. Dieser Verein richtet jedes Jahr die Karnevalsfeier der Stadt Hattingen für die Bürger der Stadt mit aus. Zur Unterstützung des Sportteams und weil ich natürlich auch meine Kinder in dem Verein ein wenig nach vorne bringen wollte, hatte ich mich für das Kellnern an dem Abend eingetragen. Natürlich staunte ich nicht schlecht, als ich als verkleidete Judoka mit gelbem Gürtel an der Tür mit Gelächter empfangen wurde. Denn nur die Gäste waren verkleidet. Die Mitarbeiter der

Stadt und die Angehörigen des Sportvereins waren nicht verkleidet und zum Teil chic angezogen. Ich nahm es sportlich und lachte mit den Gästen zusammen über die Sprüche hinsichtlich meiner Verkleidung beim Kellnern. Vielleicht lag es an dieser Erfahrung, dass mir die Scannerblicke anderer Frauen danach zwar weiterhin auffielen, aber relativ egal blieben. Dass mir diese Blicke aber dennoch auffielen, liegt mehr an den Kommentaren, die einen prägen können.

Es fängt schon früh an, wenn du merkst, dass du in deinem heiß geliebten Prinzessinnenkostüm nicht in den Kindergarten gehen sollst. Oder mit den hochhackigen Schuhen, die eigentlich deiner Mutter gehören, die du aber ja so schön findest, und die viel zu groß sind, nicht zum Kindergeburtstag gehen solltest.

Oder du bist auf einer Hochzeit im norddeutschen Raum als Kind eingeladen und verstehst nicht, warum alle Gäste nach dem ersten Tanz des doch so wunderbaren Paares, auf einmal aufspringen und den fantastisch schönen Schleier der Braut brutal in kleine Fetzen reißen. Der Neid kennt keine Grenzen, dachte ich damals als Kind! Als ich meine erwachsene Sitznachbarin vorwurfsvoll angesehen haben musste, da sie ein Stück Schleier wie eine Beute in ihrer Hand gehalten hatte, erfuhr ich, dass es ein Brauch sei und ein Stückchen Schleier Glück bringe. Dennoch war ich erleichtert zu sehen, dass nur der Schleier tatsächlich zerstückelt worden war und die Braut heil geblieben ist.

Der Scannerblick erfasst nicht nur die Kleidung. Er erfasst alles! Denn in diesem Moment wird nicht gesprochen. Er besteht aus einer rein non-verbalen Sprache. Lediglich der Kopf der anderen Frau senkt sich dabei einmal und die Augen gehen mit diesem Kopf scheinbar unbeweglich zu den Füßen. Dann hebt sich der Kopf wieder langsam und die Augen scheinen synchron mit der Kopfbewegung wieder das Gesicht zu suchen. Bestenfalls finden sich die Augen der beiden Frauen. Dann erfolgt ein verbaler Gruß, zum Beispiel ein „hallo" oder sogar bestenfalls ein Gruß mit anschließendem Gespräch.

Wenn man schwanger ist, fokussiert sich dieser Blick auf den gewölbten Bauch und verbleibt dort. So hat man mit Beginn des achten Monats nur noch das Gefühl, man würde aus dem Bauch allein bestehen.

Viele Frauen, ob schwanger oder nicht, halten diesen Blick nicht aus. Das gefühlte Unwohlsein wächst. Es kann sich bis zu einer Furcht steigern. In diesem Nicht-Wohlfühlen, wenden sich dann viele Frauen ab und versuchen der Situation zu entkommen, in der Hoffnung, dass diese Begegnung in Vergessenheit gerät oder das ungute Gefühl wegbleibt.

Doch das muss nicht sein. Wir haben die Wahl, ob wir uns diesem Scannerblick stellen oder versuchen ihm auszuweichen.

Grundsätzlich ist diese Entscheidung von vielen
Faktoren abhängig und möglicher Weise auch
einer Frage der innerlichen Verfassung,
inwieweit wir uns täglich mit Herausforderungen
beschäftigen wollen.
Wenn man jedoch eine Herausforderung
annimmt, hat man gute Chancen daran innerlich
zu wachsen.

Wie begegnet man diesem Scannerblick?

Mal abgesehen davon, dass Sie sich abwenden
können und damit das Problem vielleicht gelöst
oder eventuell nur zeitlich verschoben ist,
können Sie natürlich immer so tun, als haben sie
es nicht gesehen, dass die andere Frau Sie vor
der Begrüßung einmal rauf und runter gescannt
hat. Doch Sie können sicher sein, dass sie es bei
der nächsten Begegnung wieder machen wird.
Wenn es Sie nicht stört, ist es ja kein Problem. Es
soll sogar Frauen geben, die diesen Blick
genießen und als eine non-verbale Form der
Anerkennung verstehen.
Doch sind viele Frauen eher so, dass sie alles als
eine Kritik, meistens sogar als eine negative Kritik
verstehen und überlegen, was sie falsch gemacht
haben könnten.
Denn so sind wir erzogen worden. Nicht alle,
dennoch viele Frauen von uns. Mädchen müssen
immer lieb, folgsam und nett anzusehen sein.
Wenn wir das nicht sind, dann haben wir alles

daran zu setzen das zu verbessern. Deswegen können wir schlecht mit Kritik umgehen. Komplimente von anderen Frauen sind wir nicht gewohnt und verunsichern uns eher, auch wenn sie ernst gemeint sind. Denn schließlich sind wir Konkurrentinnen.

Eine andere Methode, die man sicherlich mal ausprobieren kann, ist die, die Scannende – Frau auf ihren Blick anzusprechen. Wenn man das tut, wird der Blick tatsächlich unterbrochen. Der Frau ist meistens gar nicht bewusst, dass sie einen so von oben bis unten gemustert hat. In den meisten Fällen handelt es sich dabei um ein unbewusstes Verhalten, das durch das Konkurrenzverhalten der Frauen entsteht. In diesem Fall ist die gegenüberstehende Frau erfahrungsgemäß erschrocken, wenn nicht sogar erbost, über die Frage.

„Warum schauen Sie mich von oben bis unten so an?"

Erwartungsgemäß wird eine Lüge zur Antwort gegeben: „Ich gucke gar nicht!" In den meisten Fällen wendet sich dann die Frau ab und denkt vermutlich noch, was man für eine arrogante Person sei, dass man denkt man würde von ihr so betrachtet oder beachtet werden. Sicher sorgt man mit so einer Frage dafür, dass man sich Abstand von dieser Frau, eventuell sogar eine Feindin geschaffen hat, da diese nun verunsichert auf ihren eigentlich ungewollten Scannerblick angesprochen wurde.

Sicherlich ist das den wenigsten Frauen egal, dass man sich nun eventuell mit dieser Frage eine Feindin geschaffen haben könnte. Denn Feindinnen können gerade in engen Beziehungen im privaten oder im beruflichen Bereich schrecklicher als Feinde sein.

Eine andere und meines Erachtens effektivere Methode ist ganz bewusst Gleiches mit Gleichem zu vergelten.
Auch wenn man es nicht überzogen darstellen sollte. Schauen Sie einfach ebenso zurück.
Mustern Sie sie mit ihrem Blick genauso.
Ein ebensolcher Blick spiegelt der Person, was sie mit ihrer Bewegung bewirkt. Es ist, als schaue sie in einen Spiegel. Doch ist es nicht das eigene vertraute Gesicht, dass sich in der Bewegung spiegelbildlich bewegt, sondern ein anderes. So dass sich die Frau ihnen gegenüber unter dem Scannerblick ebenfalls unwohl fühlen wird.
Ungesagt zeigt man ihr auf gleicher Kommunikationsebene, wie es ist, so von oben bis unten gemustert zu werden.
Es ist ein Blick des sich gegenseitigen Messens.
Wie zwei Sportlerinnen, die am Start eines 800 m Laufes stehen und sich gegenseitig anschauen, und überlegen, welche im Wettstreit schneller sein wird.
Beide Kommunikationspartnerinnen sind auf gleicher Ebene und können gemeinsam in die anschließende Begrüßung starten. Es ist eine

gleiche Basis geschaffen, mit der man ein ausgewogenes Gespräch starten kann. Vermutlich ist bei der darauffolgenden Begegnung der Scannerblick nicht verschwunden, aber sicherlich eingedämmt und die nächsten Male wird dieser Blick dann in seiner Bewegung immer kleiner, so dass er eventuell gar keine Rolle mehr zwischen ihnen spielen wird. Denn der Konkurrenzgedanke wird dadurch abgebaut. Es stehen sich dann zwei ebenbürtige Gesprächsteilnehmerinnen gegenüber, die sich gleichwertig und gegenseitig akzeptiert fühlen.

2 Sprache, Denken, Wirklichkeit

Bei dem Scannerblick läuft die Kommunikation non-verbal ab. Man akzeptiert sich auf eine wortlose Art oder nicht.
Sicherlich weiß jeder, dass es die Kommunikation bereits gibt, seitdem es Menschen gibt. So muss man dann auf die erste Höhlenmalerei verweisen, die 45 000 Jahre alt ist und 2017 auf der Insel Sulawesi in Indonesien entdeckt worden ist. Sie zeigt ein Schwein.[1]
Vermutlich wurde damit die Essbarkeit des Schweins und der Jagderfolg eines Menschen über dieses Zeichen mitgeteilt.
Somit gelten Zeichen als erstes Mittel zum sprachlichen Austausch der Menschen miteinander. Dabei versteht man unter Zeichen laut Duden, etwas Hör- oder Sichtbares.
Nun müsste man doch denken, wenn Menschen so lange kommunizieren, dann dürfte es kaum noch Missverständnisse zwischen uns geben.
Doch die Wirklichkeit sieht vollkommen anders aus.
Wir kommunizieren mehr in Missverständnissen, als dass wir uns verstehen.[2]

Saussure hat das erste allgemein bekannte Kommunikationsmodell geschaffen, das dann im Laufe der Zeit bis heute viele Variationen erfuhr.
Durch sein strukturalistisches Modell kann man über das Funktionieren der Sprache heute besser reden.

Doch ohne jetzt zu wissenschaftlich werden zu wollen, lässt es sich darauf reduzieren, dass es einen Sender und einen Empfänger gibt. Dazwischen liegt die Nachricht, die der Sender an den Empfänger richtet.

Dabei ist Sprache zwar frei, und dennoch ist sie an die vorherrschende Vorstellung vom Zeichen gebunden. Zum Beispiel versteht man unter dem Wort „Baum" bei uns in Deutschland vermutlich eine Buche, doch auf einer tropischen Insel eher eine Palme.

So liegen oft das Gemeinte und das Bezeichnete weit auseinander. Und es zeigt, wie kompliziert Sprache an sich ist.

Wir spielen sogar mit diesen unterschiedlichen Bedeutungen bei dem Spiel „Teekesselchen". Ein Wort hat mindestens zwei verschiedene Bedeutungen, die es anhand von Umschreibungen zu erraten gilt. So zum Beispiel hat das Wort „Blatt" die Bedeutung eines Blatt Papieres und zum anderen kann es das Laubblatt eines Baumes meinen.

Ein Zeichen hat dabei immer wenigstens zwei Seiten, das Lautbild und die Vorstellung, das Bezeichnende und das Bezeichnete. Die Verbindung ist zwar arbiträr, willkürlich beziehungsweise frei, und dennoch ist sie konventionell, demnach regional-geschichtlich geprägt.[3]

Wenn man jetzt versucht, genau auf die Kommunikation zwischen uns Menschen zu achten. Weiß man heute, dass wir immer kommunizieren. Nach Paul Watzlawick signalisiert eine Frau, die unentwegt auf den Boden schaut, dass sie mit niemand anderem kommunizieren will. Auch das ist eine Nachricht, die sie an ihre Mitmenschen, Empfänger, aussendet, obwohl sie sich weder bewegt noch spricht.[4]

Auch dieses Modell lässt viel Spielraum für seine Analyse und Weiterentwicklung.

Geht man weiter durch die Entwicklung der Sprachmodelle, lassen sich viele weitere Modelle mit unterschiedlichen Schwerpunkten in der Kommunikation finden.

Dabei darf auch nicht die Darstellung des Modells von Schulz von Thun fehlen. Er verweist noch einmal deutlich darauf, dass wir Menschen eine Nachricht auf vier Wegen senden und empfangen. Wer spricht kommuniziert dabei auf folgenden Ebenen: Sachinhalt, Beziehung, Selbstoffenbarung und Appell. Auch der Empfänger kann auf diesen Ebenen mit vier Ohren hören. [5]

Dabei ist es für Frauen besonders interessant, dass sie überwiegend auf der Beziehungsebene kommunizieren. Diese Erkenntnis geht zurück auf Deborah Tannen.[6] Im Grunde bedeutet dies, dass wenn Frauen sich vorwiegend verbal und non-verbal auf der Beziehungsebene befinden, sie von Männern vorwiegend unterschätzt oder gar nicht richtig verstanden werden.

Ein wortloses sich gegenseitiges Zunicken beim
Essen, bedeutet für viele Frauen eine
Verabredung gemeinsam zur Toilette zu gehen.
Für Männer oft unverständlich.
Doch haben Frauen darüber meist einen
unausgesprochenen Konsens, denn das wurde ja
von vielen Mädchen schon zu Schulzeiten
jahrelang eingeübt. Letztlich rührt das daher,
dass Frauen je nach Garderobe eine Hilfe
brauchten, um sich an- und auszuziehen. Man
denke an die Kleider oder Jumpsuits mit ihren
schwer zu erreichenden Reißverschlüssen auf
dem Rücken. Warum diese Reißverschlüsse
grundsätzlich nicht an der Seite eines
Kleidungsstücks angebracht sind, kann man nicht
verstehen. Heute gehen die Mädchen zusammen
zur Toilette, um sich vor möglichen Übergriffen
zu schützen oder einfach, um zu plaudern oder
sich Lustiges zu erzählen.
Hingegen gehen Männer immer allein zur
Toilette und können dieses Einvernehmen in
dem Vorhaben gemeinsam zur Toilette gehen zu
wollen, gar nicht verstehen.
Auch in dem zuletzt genannten Beispiel spielt der
wortlose Blick eine große Rolle. Ein Blick des sich
gegenseitigen Verstehens, der den gemeinsamen
Gang zur Toilette ermöglicht. Insofern kann non-
verbale Sprache ohne Worte auskommen, aber
selten ist es umgekehrt.
Das unterstützt auch die sog. Eisberg Theorie.
Dieses Modell hat sich in den letzten Jahren in
vielen Kommunikations-Trainings in der

Wirtschaft etabliert. Einen Erfinder dieses Modell gibt es wie bei den anderen Modellen bekanntlich nicht.

Der Begriff geht auf Pareto, Freud und Hemingway zurück. In der gängigen Version stellt man sich einen Eisberg vor. Wir wissen alle, dass von einem Eisberg nur etwa 10 % über der Wasseroberfläche sichtbar ist. Das entspricht dem tatsächlichen Anteil der verbalen Kommunikation in einem Gespräch zwischen zwei Menschen. Die übrigen 90 % liegen unter Wasser und bleiben demnach vorwiegend unsichtbar. Sie entsprechen dem Anteil der non-verbalen Kommunikation. Neben Bildern, Schriften, Symbolen oder anderen Zeichen, finden wir sie auch in der Gestik, Mimik, dem Blick oder nichtsprachlichen Lautierungen wie zum Beispiel dem Lachen oder ähnlichem.

Über jeden dieser Bereiche kann man Bücher schreiben und Fortbildungen abhalten. Wirft man aber einen kleinen Blick auf diese Bereiche, die sich demnach unter Wasser befinden, das heißt oft unbewusst ablaufen, dann kann man bestimmte Zeichen besser verstehen oder sie für sich gezielt und erfolgreich einsetzen.

Wie entscheidend diese Zeichen sind, sieht man an den Frauen, die sich ihre Hautpartien im Gesicht mit zum Beispiel Botox haben behandeln lassen. Sie zeigen beinahe gar keine Mimik mehr, weil ihre Gesichtspartien durch das Schlangengift gelähmt werden. Ihre Kommunikation ist

dadurch sichtbar eingeschränkt und sie wirken
befremdlich, wenn man mit ihnen spricht. Dabei
sind Falten im Gesicht wie die Strahlen eines
wirklichen Lebens. Und zum Beispiel Lachfalten
machen uns Frauen besonders schön.

3 Die Kommunikation unter Frauen;
Ich ducke mich, dann bist du meine Freundin

Nach Deborah Tannen bringen Mütter und
Mädchen sich untereinander bei, eine
unterlegene Position einzunehmen. Sie ergreifen
aus sich selbst heraus bei Begegnungen mit
anderen Frauen diese untergeordnete Rolle und
setzen darauf, dass die andere Frau diese
Selbstunterschätzung erkennt, honoriert und
letztendlich aufwertet.
Frauen, die horizontal kommunizieren, erkennen
dieses Muster und agieren tatsächlich so auf
dieser Ebene.
Beispiel: „Ach… ich habe gar nicht gesehen, dass
Sie auch hier stehen und warten. Ich wollte mich
nicht am Kopierer vordrängeln, machen Sie ruhig
erstmal.“
„Das ist sehr rücksichtsvoll von Ihnen, auf die
paar Minuten kommt es nicht an, kopieren Sie
ruhig erst, ich kann warten.“
Das Ziel dieser Art der Kommunikation ist einen
möglichst harmonischen Umgang miteinander zu
haben.

Für vertikal denkende und sprechende
Menschen ist diese Szene befremdlich und
schwer zu verstehen. Denn bei ihnen geht es
eindeutig um die Rangfolge und nicht um ein
harmonisches Miteinander. Der vertikale
Vertreter würde einfach als Erster kopieren. Eine
Diskussion über die Rangfolge wäre für ihn

überflüssig, denn schließlich möchte er Erster sein. In diesem Fall wird er in der Rangfolge Erster beziehungsweise Oberster und ebenso in der Reihenfolge vor dem Kopierer.
Die non-verbale Sprache, sich einfach als erster vor den Kopierer zu stellen, reicht dafür als Signal völlig aus. Non-verbal unterstreichen das diese Menschen noch, indem sie sich breitbeinig vor den Kopierer stellen und um möglichst viel Raum einzunehmen auch noch die Hände in die Hüften stützen und die Ellenbogen nach außen spreizen. Sie verteidigen ihre Stellung vor dem Kopierer und wirken wie ein Jagdaufseher, der seine Beute vor Fressfeinden beschützen muss.

Frauen kommunizieren häufig horizontal. Das wird regelrecht in der Kindheit durch entsprechende Spiele sogar trainiert. Fadenspiele, bei denen die Mädchen zwischen ihren beiden Händen das Muster aus einem Faden halten. Dann greift das andere Mädchen darein und zieht diesen Faden von den Fingern der Freundin, so dass zwischen ihren Händen ein neues Fadenmuster entsteht. Das Gleiche findet sich beim Gummi-Twist. Ein Mädchen hüpft nach einem bestimmten Muster über die gespannten Gummibänder, die von zwei anderen sich gegenüberstehenden Mädchen gehalten werden. Meist halten diese Mädchen das Gummiband um ihre Fersen geschlungen. Je höher das Band über dem Boden steht, desto schwieriger wird es für das hüpfende Mädchen.

Ähnlich ist es beim Seilspringen mit einem großen Seil, das von zwei Mädchen geschwungen wird und das dritte Mädchen hüpft dadurch. Auch die Klatschspiele zwischen den Mädchen folgen bestimmten Abfolgen und einem festgelegten Rhythmus. Um den Rhythmus vorzugeben, wird dabei dann mehrstimmig dasselbe Lied gesungen.

Beim Klatschspiel schauen die Mädchen sich nur an, dann reicht es sogar, wenn eine von ihnen zum Beispiel „si-si-si" anstimmt, die andere nickt und hebt sogleich die Hände und das Klatschspiel geht los. Sie haben es so intensiv eingeübt, dass man hier bereits von einer automatisierten Handlung sprechen kann. Wie später beim Schalten, Kuppeln, Bremsen und Gas geben, müssen die Mädchen nicht mehr darüber nachdenken, was sie tun. Sie haben die Bewegungen so exakt eingeübt, dass sie automatisch erfolgen.

Natürlich gibt es auch Jungen, die diese Spiele auch gern mitspielen. Doch auch im 21. Jahrhundert handelt es sich überwiegend um Mädchen, die in Kindergärten oder Schulen diese Spiele spielen. Sie zeigen eine einvernehmliche und trainierte Kommunikation, die überwiegend im non-verbalen Bereich abläuft und auf einem Bedürfnis der Mädchen nach Harmonie abläuft.

Wenn diese Harmonie gestört wird, weil einem Mädchen ein Fehler unterläuft, wird um Entschuldigung gebeten und eine weitere

Chance zum weiteren Spiel ausgehandelt. Ist der Faden mal verrutscht oder der Klatscher daneben gegangen, wird das gleich persönlich genommen. „Das hast du mit Absicht gemacht!“ Ein Fehlverhalten wird dabei selten als unabsichtlich angesehen. Denn es handelt sich vorwiegend um horizontal sprechende und spielende Mädchen. Es ist ein ausgewogenes Freundschaftsspiel.

Das Ziel solcher Spiele liegt darin, sich durch das Finden von gleichen Verhaltensmustern zu Höchstleistungen zu bringen, die nach einem bestimmten Muster ablaufen. Die Beachtung des Musters zeigt die Angepasstheit der Mädchen. Woher die vorgegebenen Regeln stammen, stellen die Mädchen nicht in Frage, denn die größeren Mädchen und auch die Mütter überliefern es ihnen.

Wenn Mädchen dabei durch neue Figuren anfangen zu improvisieren und neue Regeln aufstellen, dann kann das Spiel sehr schnell abgebrochen werden. Die Herausforderung wird wahrscheinlich für die anderen Teilnehmerinnen zu hoch und das experimentierende Mädchen mit Ausschluss aus dem Gruppenspiel bestraft, da es sich ja nicht an die bekannten Regeln hält.

Interessant ist bei diesen Spielen zu beobachten, dass wenn sich Mädchen durch besondere Leistungen hervortun, diese meistens ihre Leistung versuchen herunterzuspielen. Selten folgt eine Siegergeste, sondern eher ein

Abwinken. Bescheidenheit wird signalisiert und fungiert als Sympathieträger zwischen den Mädchen und später zwischen den Frauen. Springt ein Mädchen für ihre Begriffe zu hoch, beherrscht sie das Klatschspiel zu perfekt, spielt ohne Spielpartnerin sehr gut oder führt erfolgreich alle Spiele zu ende. Dann versucht sie selbst Fehler einzubauen, die scheinbar zufällig wirken. Denn eine besondere Leistung kann auch mit dem Ausschluss aus der Gruppe sanktioniert werden.

An diesen einfachen Kinderspielen zeigt sich, wie wir Frauen mit Führungsrollen, Leistungsansprüchen und Verletzungen von Gruppenvereinbarungen umgehen.

Wenn auch Jungen gern diese Spiele mitspielen, spielen sie offenbar lieber andere Spiele. Sie spielen gern Spiele, die mit Reviermöglichkeiten arbeiten. Dazu zählen viele Ballsportarten.

Die Bestrafung, wenn man sich nicht an die Regeln hält und nicht angepasst genug agiert, kennen alle. Und wir alle haben Angst vor dieser Sanktion. Denn das Ergebnis ist Alleinsein. Nach Deborah Tannen setzt dann bei Mädchen eher der „Demutsreflex" ein. Bringe Deine Höchstleistung und spiele sie danach vor den anderen herunter.

Männer hingegen prahlen damit vor anderen und stacheln damit den Ehrgeiz der anderen so an, dass sie dann auch anfangen von ähnlichen Erfolgen so erzählen, obwohl sie diese guten Ergebnisse manchmal gar nicht in dieser Form

erbracht haben. Sie lügen dann sogar. Auch das
wird im Kindesalter schon geübt. Angeben ist ein
rituelles Spiel zwischen Männern, die sich
unausgesprochen als solche dabei akzeptieren,
obwohl sie voneinander wissen, dass es
Seemannsgarn ist, was sie erzählen.
Ein gutes Beispiel dafür war mein Sohn (10), der
im Kindergartenalter einem gleichaltrigen Jungen
im Auto mit anscheinend gelangweilter Stimme
erzählte, dass er lange aufbleiben musste, weil er
Star-Wars geguckt habe. Deswegen sei er jetzt so
müde, aber er hätte den Tag trotzdem gut
überstanden.
Ich fuhr das Auto und spitzte die Ohren.
Neugierig fragte ich:
„Wann?"
„Na gestern Abend."
Ich versuchte mich zu erinnern, aber ich war
sicher, dass ich ihn um 20:00 ins Bett gebracht
und nichts mehr gehört hatte.
Sein Freund antwortete in einem ebenfalls
beinahe gelangweilten Ton:
„Ja, hab´ ich auch, kannte ich schon, hab´ ja
schon alle Filme gesehen."
Ich war entsetzt und überlegte mir schon, welche
technischen Möglichkeiten sich eventuell mein
Sohn geschaffen haben könnte, um diesen Film
die halbe Nacht zu gucken. Auch der Einfluss des
anderen Jungen auf meinen Sohn, der offenbar
schon alle Filme kannte, schien mir nun nicht
mehr wünschenswert zu sein. Als ich den
anderen Jungen bei seiner Mutter ablieferte,

erzählte ich ihr meine erschrockenen Gefühle unterdrückend von den Star-Wars Eskapaden der beiden Jungen, die sich damit offenbar vom Schlafen abhielten. Der kleine Star-Wars Fan huschte dabei an seiner Mutter vorbei und fragte aus der Küche laut heraus, was es zu Essen gebe. Seine Mutter lachte nur und sagte, dass er sich das Filme gucken ausgedacht hatte.

Daraufhin musste ich auch lachen. Es war pure Angeberei der beiden Jungen basierend auf Lügen gewesen. Auf meine Frage hin, hatte mein Sohn später nur gesagt. „Ach Mama, hab´ ich doch gar nicht geguckt, wie denn auch, aber der macht das immer so und dann musste ich das auch so erzählen.“

Für diese Angeberei passiert es ja sogar immer wieder, dass sich Männer auch mit fremden Federn schmücken. Das kann im Kleinen genauso wie im Großen ablaufen.

Als Teilnehmerin sitzt man in einer Besprechung und versucht zu Wort zu kommen. Gelingt es einem dann nach einer inneren Abwägung aller Vor- und Nachteile und möglichen Einwänden und macht einen pragmatischen Lösungsvorschlag, passiert es einem immer wieder, dass insbesondere manche Männer darauf reagieren, indem sie den Gesprächspunkt noch einmal wiederholen. Sie greifen ihn auf, so dass sie den bereits genannten Lösungsvorschlag der Teilnehmerin beinahe sogar wörtlich wiederholen und erstaunlicher Weise als ihren präsentieren.

Über diese Echomethode reagiert man dann als Frau erstmal sprachlos. Man ist perplex und hofft, dass der Chef doch sicherlich die Reihenfolge dieser Beiträge zu werten weiß. Man schaut ihn oder die Chefin an und nichts passiert. Die Hoffnung, dass der oder die Vorsitzenden oder eine andere Teilnehmerin sagt, aber das wurde doch gerade schon von Frau Meier gesagt, wird enttäuscht. Stattdessen stellt man dann meist sogar noch fest, dass bei der abschließenden Zusammenfassung der Mann hervorgehoben wird, indem ausschließlich sein Beitrag betont wird und die Frau, die das Gleiche zuvor gesagt hatte, einfach übergangen wird. Auch da sitzt die Frau Meier und andere Frauen, denen es genauso erging, noch ganz innerlich überrascht über den Ablauf der Gespräche und hofft, dass es bloße Taktik des Chefs war so zu agieren. Doch irgendwann stellt sie fest, dass sie einfach nicht genug wahrgenommen worden ist und der Kollege mit ihrem Ergebnis beim Chef gepunktet hat. Warum Frauen in diesen Situationen ihren Geschlechtergenossinnen nicht helfen, indem Sie sagen, aber das hat Frau X oder Frau Meier doch gerade vor fünf Minuten gesagt und Herr Y oder Herr Suhrbier hat es nur noch einmal wiederholt, liegt auf der Hand.

Frauen wollen auf keinen Fall den Ablauf und die Harmonie des Gesprächs durch eine Unstimmigkeit gefährden.

Doch wie reagiert man am besten auf so ein
Echo?
Sollte man den Chef nun dafür rügen und
eventuell noch vor allen anderen Teilnehmern
bloßstellen?
Das ist sicherlich nicht vorteilhaft. Mit
Bewertungen sollte man grundsätzlich vorsichtig
und zurückhaltend sein.
Doch trotzdem will man den Erfolg für die
vorgebrachte pragmatische Lösung für sich
verbuchen können.
Eine charmante und souveräne Lösung ist
folgende:
„Das finde ich gewinnbringend, dass der Kollege
meine Idee aufgenommen hat und unterstützt.
Und zack liegt der Punktgewinn am Ende wieder
auf Ihrer Seite.

4. Hormone, Gehirn und die Evolution steuern unsere Sprache

Hormone:

Männer und Frauen produzieren in unterschiedlichen Konzentrationen sowohl männertypische Hormone wie Testosteron als auch frauentypische Hormone wie Östrogen und Progesteron. Die Menge an Testosteron im Körper eines Mannes ist im Mittel zehnmal höher als die in einer Frau. Der Hormonspiegel beeinflusst die Verhaltensweisen und Persönlichkeitsmerkmale wie zum Beispiel eine mütterliche Fürsorge. Die Hormone entscheiden mit darüber, wie gefühlsintensiv ein Mensch ist.

Ein Experiment der Universität Montreal: 25 Frauen und 21 Männern wurden verschiedene lustige, furchteinflößende und traurige Bilder gezeigt. Die Teilnehmer sollten ihre Gefühle beim Anblick dieser Bilder beschreiben. Gleichzeitig untersuchten die Forscher ihre Hirnaktivität per Magnetresonanztomografie und analysierten ihre Hormonspiegel im Blut. Das Ergebnis war verblüffend:

Frauen empfanden die negativen Emotionen stärker – und je niedriger ihr Testosteronspiegel war, desto sensibler reagierten sie.

Dabei waren bei beiden Geschlechtern folgende zwei Gehirnbereiche besonders aktiv.

Die Amygdala ist das Gefühlszentrum, das sogenannte Angstzentrum des Gehirns, welches emotionale und insbesondere potenziell bedrohliche Reize bewertet.

Der präfrontale Kortex ist das rationale Kontrollzentrum direkt hinter der Stirn, der Signale mit bereits im Gedächtnis gespeicherten Eindrücken und Erfahrungen abgleicht und die zur Situation passenden Handlungen plant und emotionale Reize reguliert.

Dabei hatte man festgestellt, dass je höher der Testosteronspiegel bei den Testpersonen lag, desto stärker waren die Verbindungen zwischen den beiden Gehirnteilen.
Frauen mit niedrigen Testosteronanteilen reagierten stärker auf negative Reize, da die Verbindung zum Kontrollzentrum nicht so stabil war.

Doch genau das muss nicht als Nachteil gesehen werden. Denn es kann ein ungeheuer großer Vorteil sein, wenn man auf Reize, eben auch auf negative Reize sensibel reagiert.
Bei einem Menschen, bei dem das Kontrollzentrum aktiver als das Empfindungszentrum ist, kann es folglich nicht zur Auseinandersetzung mit neuen Reizen kommen. Doch es sind Veränderungen, die unser Leben und Denken bereichern. Wenn eine Frau mir also mitgeteilt hat, dass sie zum Beispiel das

Gespräch mit der Chefin nicht mehr ausgehalten
hat, weil die Schwingungen im Raum sich gegen
sie gerichtet haben, dann kann ich davon
ausgehen, dass sie Reize wie zum Beispiel einen
bestimmten Tonfall, ein Augenrollen oder eine
abwertende Handbewegung wahrgenommen
hat, die sie persönlich genommen hat und
unbestimmt als Schwingung beschreibt. Sie hat
die Gesprächsatmosphäre negativ empfunden.
Doch in unserer westlichen und
männerdominierten Welt werden Frauen dazu
angehalten über solche Dinge nicht zu sprechen.
Denn sie laufen Gefahr sich lächerlich zu
machen. Im Zweifelsfall landet man dann in einer
ersatzreligiösen sogenannten esoterischen
Schublade. Es heißt dann, sie hätten etwas
wahrgenommen, dass gar nicht existent sei.
Doch wir wissen alle, dass es diese non-verbale
Sprache in Gesprächen gibt. Sie ist prägnanter als
das Gesagte. Das Kriseln in der Luft, wenn sich
die Arbeitnehmerin und die Arbeitgeberin oder
zwei Kolleginnen als Konkurrentinnen
gegenüberstehen, bleibt nachhaltig mehr im
Bewusstsein als das, was tatsächlich gesagt
worden ist. Wenn ich dann die andere
Gesprächsteilnehmerin gefragt habe, weiß sie
gar nicht, warum das Gespräch so aus den
Bahnen gelaufen ist, und die andere Kollegin vor
Wut die Tränen in den Augen stehen hatte, denn
sie habe ja lediglich auf die Tatsachen
hingewiesen. In diesem Fall treffen zwei Frauen
aufeinander, die sich auf unterschiedliche Weise

angehen. Die eine Frau auf der horizontalen Ebene, die mit Gefühlen versucht, ihre Gesprächspartnerin auf ihre Seite zu ziehen. Auf der anderen Seite die Frau, die vertikal im High-Talk agiert und non-verbal ihre Missbilligung gegenüber der Kollegin zeigt.

Wie sollte man den Knoten lösen,
wenn die Kollegin auf der vertikalen Ebene spricht und sich so verhält?

Zudem steht sie tatsächlich höher, weil sie die Projektleiterin, Chefin oder Schulleiterin ist, dann sollte man ihr das auch deutlich sagen, dass man sie in ihrer Position nicht angreift. Damit nimmt man schon einmal dem Kompetenzgerangel den Wind aus den Segeln.
Zum Beispiel „Sie als Schul- / Projektleiterin oder Geschäftsführerin…
Danach sollte kein „aber" folgen, denn damit würde man den zuvor gezollten Respekt zunichte machen. Eine kleine Finesse, die man sich angewöhnen sollte, ist dann die Sätze mit dennoch oder obwohl anzuschließen, weil das Wörtchen „aber" so oft verwendet wird, dass es bei den Zuhörern oft schon eine innere Abwehrhaltung triggert. Tritt dieser Fall ein, dann können Sie erzählen was sie wollen und ihr Gegenüber wird Ihnen dann nicht mehr richtig zuhören. Doch genau das, wollen wir ja nicht. Achten Sie ruhig auf die non-verbalen Zeichen, die sich möglicherweise gegen Sie richten.

Nehmen Sie diese Zeichen wahr, dann machen Sie in ruhigem Ton darauf aufmerksam, dass sie sie wahrgenommen haben und dadurch irritiert werden.

Das kann schon völlig ausreichen, die Kommunikation zwischen ihnen zu verbessern. Keinesfalls sollten Sie solche Zeichen persönlich nehmen, denn oft ist es so, dass die Gesprächspartnerin einfach nur keine Zeit sieht mit Ihnen zu sprechen.

Sprechen Sie diese Zeichen auch nur kurz an, denn ansonsten kann dann ein Gespräch schnell eskalieren. Denn Sie sollten immer bedenken, dass diese non-verbalen Zeichen ja unbewusst laufen. Ansonsten gerät ihre Vorgesetzte in eine Abwehrhaltung, die dann für Sie sehr unangenehm werden könnte.

Sollten Sie keine Zeichen direkt ausmachen können, aber trotzdem eine unangenehme Atmosphäre verspüren, können Sie auf die unangenehme Gesprächsatmosphäre kurz hinweisen und ablenken, indem Sie darum bitten das Fenster zum Lüften zu öffnen. Wenn Sie auf diese Weise ihrer Reaktion auf die negative Atmosphäre Raum gegeben haben, dann belassen Sie es dabei. An dieser Stelle ist es nur wichtig, dass Sie sich kurz von ihren negativen Gefühlen befreien und ihrer Gesprächspartnerin non-verbal mitteilen, wie sie die Gesprächslage verstanden haben.

Dann sollten Sie darüber hinwegsehen und sich auf die Fakten konzentrieren. Erinnern sie sich an das Ziel ihres Gespräches und versuchen Sie ihre Argumente strukturiert vorzutragen.

Sie haben damit ihrer Gesprächspartnerin gezeigt, dass sie die negativen Reize wahrgenommen und verstanden haben. Doch versuchen Sie es sportlich zu nehmen. Sie sind eine ernstzunehmende Konkurrentin, sonst würde Ihre Gegenspielerin sich gegenüber Ihnen nicht so verhalten. Sicher könnten Sie sich auch schlechter machen als sie sind und sich als Verliererin geben, und damit girllike wie in den Kinderspielen auf Harmonie und Friede setzen. Aber ihre Konkurrentin würde sie danach nicht mehr ernst nehmen. Sondern immer wieder ihr duckmäuserisches Verhalten erwarten.
Sie können von dieser Situation profitieren, denn wenn Sie sich ihrer Kollegin unterlegen fühlen, dann hat sie was, was Sie nicht haben.
Finden Sie heraus, was es ist und versuchen Sie es doch mal ihr gleichzutun. Sind es die zurückgezogenen Schultern, der ruhige und tiefe Tonfall oder das fehlende ständige Lächeln im Gesicht?
Probieren Sie es aus. Wenn Sie gefunden haben, was diese Frau so kennzeichnet, was spricht denn dagegen ihr das nachzumachen? Auch wenn Sie durch die Nachahmung nicht ihre Freundin wird, aber sie wird Sie in Zukunft respektieren. Denn Sie spiegeln ihr ja ihr eigenes Verhalten. Was soll sie dagegenhalten?[7]

Wenn man doch sieht, dass die Unterschiede zwischen den Geschlechtern so gering sind, dass sie sich in Nuancen und überwiegend im Körperbau unterscheiden, und diese Abweichungen aufgrund unterschiedlicher Sozialisationen zustande kommen. Dann muss man doch daraus folgern, dass es zwischen Frauen auch keine Unterschiede gibt.
Ist dann nicht das Konkurrenzverhalten zwar in uns Frauen, doch überwiegend anerzogen?

Fängt es doch auch da schon im Kinderwagen an. Der bessere Kinderwagen und die buntere Babyausstattung. Die rosa Phase, damit man sich in den rosafarbenen Kleidern und der Matschhose im Kindergarten der rosa Mädchengruppe zugehörig fühlen kann. Die gleichen Zeitschriften und Models darin toll finden und versuchen es ihnen nachzutun. Mit der Mode zu gehen, ist für die meisten Frauen ein „must-have", damit man nicht nur mithalten kann, sondern den anderen Frauen etwas voraushat. Sie neidisch auf einen gucken. Ja, warum auch nicht?
Wenn ich vertikal kommunizieren möchte, kann ich das tun. Es liegt doch nur an uns Frauen, das nicht persönlich zu nehmen, sondern das wie einen sportlichen Wettkampf zwischen zwei Frauen zu sehen. Die Bessere steht eben vorn und man kann es akzeptieren.
Sie können dann unterstützen, wenn man meint, dass die Erste ihren Job gut macht.

Oder Sie gehen ihren eigenen Weg in eine andere Behörde oder Firma.

Wenn wir uns daran erinnern, wie nach acht Tagen Machtkampf am 20. April 2021 Armin Laschet als Sieger für die Bewerbung um das Kanzleramt aus dem Konkurrenzkampf mit Markus Söder hervorgegangen ist, sehen wir ein sportliches Miteinander. Es gab danach keine zerrüttete Partei. Zwar versuchten die Medien immer wieder auf die Angriffe und die Zerrüttung der Partei hinzuweisen.
Doch anstatt böse und entzweit auseinanderzugehen, haben sie sich ihre gegenseitige Unterstützung versprochen und treten gemeinsam als Team an. Auch wenn nur einer die Option darauf hat, Bundeskanzler zu werden. Dabei betonten sie immer wieder, dass sie inhaltlich sich so nah wie noch nie zuvor waren. Warum können Männer das und Frauen nicht?
Wir können es auch! Dabei müssen wir nur daran denken, dass es um unsere Position, aber nie um unsere Person geht.
Es sind Frauen wie zum Beispiel Anne Will, die dann Frau Annalena Baerbock die Kandidatin von den Grünen fragen, ob sie sich das Amt überhaupt zutraut. Frau Baerbock hat ganz richtig reagiert, indem sie geantwortet hat, dass sie sich sonst nicht als Kandidatin hätte aufstellen lassen. Und sie setzte noch nach, indem sie ganz ruhig zurückfragte, warum sie so

etwas auch noch von einer Frau gefragt werden
würde. Anne Will konterte, indem sie meinte, sie
habe gerade als Frau diese Frage stellen wollen,
dass diese Frage jeder einer Frau stelle, die in
eine Führungsposition wolle. Es wirkte wie ein
ironielastiger Rettungsanker seitens Frau Will,
doch da es von ihr unpersönlich und damit
positionslos war, war es nicht überzeugend und
für eine Moderatorin unpassend.
Das verstärkte sich noch als Frau Baerbock
nachsetzte, dass Männer wie Herr Laschet oder
Herr Söder so etwas nicht gefragt werden
würden. Als sie das ruhig und prononciert
angesprochen hatte, strahlte sie die Sicherheit
darüber aus, dass sie der Aufgabe gewachsen ist,
wenn sie gewählt werden würde.

Sicher halten das viele Menschen für ein
Klischee, wenn man behauptet, dass Männer
sachlicher als Frauen reden. Doch gibt es bereits
Untersuchungen, die beweisen, dass die
Sprachverwendung nicht nur soziologisch,
sondern auch hormonell und evolutionär
gesteuert ist.
Forscher haben bereits herausgefunden, dass
sich Männer- von Frauengehirnen rein statistisch
gesehen in ihrem Volumen unterscheiden. Sie
sind rund 100 Gramm schwerer als
Frauengehirne. Auch zeigen sich Unterschiede
zum Beispiel im Hippocampus.[8] Eine Hirnregion,
die für das Lernen und das
Erinnerungsvermögen, aber auch für die

Steuerung von Affekten zuständig ist und
Bewegungsabläufe koordiniert.
Doch fand man heraus, dass die Unterschiede
zwischen Mann und Frau sich nur bei 6 %
zeigten. Der Rest zeigte eine Mischung aus
männlichen und weiblichen Merkmalen.

Das heißt, dass die Entwicklung des Gehirns nicht
vom Geschlecht abhängig ist. Unser Gehirn ist
ein Mosaik aus unserem Verhalten, womit wir es
jeden Tag in unserem Leben fordern.
Und unser Gehirn fordert wiederum unser
Verhalten. Insbesondere Wiederholungen
festigen das Erlernte und prägen unser Gehirn.
Die Forscher untersuchen noch die
Auswirkungen der Alltagserfahrungen von
Männern und Frauen und wie sie sich auf unser
Gehirn auswirken.

Fassen Sie Mut für Veränderungen in ihrem
Leben.
Unter dem Alltag versteht man
gewohnheitsmäßige Abläufe. Vorgänge, die
ritualisiert werden oder häufig passieren, so dass
man eine gewisse Routine darin hat, bestimmen
unseren Alltag. Das kann von der kleinen Aktion
reichen, zum Beispiel ich gehe morgens in das
Lehrerzimmer oder in mein Büro und stelle
meine Tasche auf den Stuhl, auf dem ich sonst
sitze, ab, bis hin zu größeren Aktionen, ich fahre
fünf Tage die Woche zur gleichen Arbeitsstelle.

Wir wissen alle, dass eine Routine uns einen gewissen Halt im Leben gibt, weil sie unser Leben strukturiert. Doch wissen wir auch, dass der Alltag für manche Beziehungen unter Menschen wie ein zerstörerisches Gift wirkt, weil die Routine zur Langeweile führt.
Wenn ich einfach mal frage, ob ich mich auch woanders hinsetzen darf, dann lerne ich mit Sicherheit durch den Stammplatzwechsel auch Kolleginnen näher kennen und sehe sie nicht nur im Vorbeigehen auf den Fluren. Wenn ich etwas ändern möchte, muss ich mich und mein Verhalten ändern.

Sicher ist eine Veränderung am Anfang schwer und es gehört eine große Portion Mut dazu, den Anfang zu wagen. In der Mitte des Prozesses wirken Veränderungen chaotisch und man überlegt zuweilen, ob es richtig war. Am Ende ist die Veränderung schön und das Negative verklärt sich rückblickend zu etwas Schönem.
Um eine Verhaltensänderung herbeizuführen und zum Beispiel auch mal in den richtigen Momenten „Nein" zu sagen, braucht man Mut und Selbstvertrauen. Doch zu viel Selbstvertrauen kann einem auch im Wege stehen. Nicht nur, dass man gemieden wird, weil man arrogant und unangenehm erscheint, sondern auch, weil es der Lernenden selbst im Wege stehen kann. Im Falle einer großen inneren Starre, wird die Chance auf ein Conceptual Change verringert.[9]

Wir alle entwickeln als Kind Konzepte. Sie werden uns vorgelebt, so zum Beispiel, dass wir Frauen alle für das Muttersein bestimmt sind. Für die Vorbereitung auf diese Situation haben wir die entsprechende Umgebung für das Kind zu schaffen. Hinzu kommt, dass wir gut auszusehen haben und einen gewissen Erfolg im Beruf verzeichnen sollen. Die Erwartungshaltungen der Gesellschaft an uns Frauen war immer schon hoch. Doch man könnte sogar meinen, dass diese Erwartungen an uns Frauen durch die Emanzipation sogar in den letzten Jahrzenten noch zugenommen haben. Doch nur wenn wir dazu lernen, können wir uns weiterentwickeln und bestehen.

Laut Schnotz ist das Conceptual Change nicht nur die Veränderung einzelner Konzepte, sondern auch ganzer Wissensstrukturen.[10]

So entscheiden sich Frauen ganz bewusst gegen das Kinderkriegen und trotzdem werden sie Lehrerin oder Erzieherin, weil dieser Beruf sie glücklich macht. Ein Conceptual Change kann demnach nicht nur zur Veränderung einzelner Konzepte, sondern auch zur Veränderung ganzer Wissensstrukturen führen.

Stellen wir uns beispielsweise ein Mädchen vor, das ihre eigene Mutter als Krankenschwester und andere Mütter anderer Kinder in pflegenden Berufen kennt, welches sich plötzlich dafür entscheidet, nicht in diese Berufssparte zu gehen. Obwohl es doch von klein auf Krankenhaus in Rollenspielen und mit Puppen

gespielt hat. Dabei war die Barbie als Krankenschwester angezogen und ihre liebste Puppe. Doch für das Schulpraktikum hat ihr die Klassenlehrerin einen Praktikumsplatz, in der nahe gelegenen Autowerkstatt, empfohlen. Das Praktikum in einer Autowerkstatt hat ihr großen Spaß gemacht, weil sie für ihr handwerkliches Geschick besonders gelobt wurde. Auch die Bedienung der Maschinen und der Umgang mit den Kollegen hat ihr große Freude bereitet. Sie entscheidet sich Mechatronikerin zu werden. Ein Umdenken hat in der jungen Frau stattgefunden. Eine gedankliche Entwicklung, die durch eine neue Erfahrung angestoßen wurde. In diesem Fall hat sich ein Lebenskonzept geändert, das ein Vorleben von Rollenmustern und Erwartungen an das Mädchen aufgebrochen hat.
Ebenso können Frauen ihr Lebenskonzept selbst ändern, indem sie sich auf eine neue Stelle in einer anderen Firma oder Behörde bewerben oder auch auf eine höher besoldete Stelle und die neuen Aufgaben ändern ihren Alltag.
Doch welche Bedingungen sind nötig, um einen Konzeptwechsel zu ermöglichen?
Es fließen neue Informationen zu und diese werden aufgenommen und mit der eigenen Situation abgeglichen. Daraus erwächst eine Unzufriedenheit. Eigene bestehende Konzepte sind nicht mehr kohärent und zufriedenstellend. Fehlkonzepte werden instruktionspsychologisch durch neue Konzepte ersetzt. Das beschränkt sich nicht nur auf wissenschaftliches Wissen,

sondern auch auf neue Lebenserfahrungen.
Sicher gehen diese Ansätze auf Piagets
kognitionstheoretischen Ansatz zurück. Doch
hakt seine Theorie, da sie nur bis zu einem
bestimmten Alters- und Wissensstadium des
Menschen reicht. Durch seine eigene innere
Motivation versucht ein Kind sich von Anfang an
seiner Umwelt anzupassen, indem es sein Wissen
vergrößern will. Diese Adaption des Wissens sei
ein Urinstinkt des Menschen. Das lernende Kind
versucht das Gleichgewicht zwischen Umwelt
und Wissen zu finden. Mal davon abgesehen,
dass dieses Modell Äquilibration genannt wird
und ein konstruktivistischer Ansatz ist, da das
Wissen vom Lernenden konstruiert wird, gibt es
viel Kritik an dem Modell.
Es schließt die Beeinflussung sozialer Faktoren
aus, Kompetenzen von Kindern werden
unterschätzt und eine lebenslange Entwicklung
wird ausgeschlossen, weil das Modell mit einem
bestimmten Alter einfach endet!
Doch viel zu oft wird dieses Modell noch heute
im Studium oder in Ausbildungen zu unkritisch
gesehen und irrtümlicher Weise vorausgesetzt.
Wissen zu verändern ist schwierig, auch wenn
man weiß, dass es falsch ist.
Wie schwierig das ist, wenn falsch Erlerntes in
Richtiges verwandelt wird, zeigt der
Wissenswandel um die Beschaffenheit der Erde.
Es herrscht der Mythos vor, dass die Menschen
glaubten, Christoph Kolumbus habe erst 1492
entdeckt, dass die Erde rund sei. Obwohl

Aristoteles hunderte von Jahren bereits zuvor darauf verwiesen hatte. Erst wurde sie gleich einer kindlichen Sichtweise mit einer Scheibe verglichen und Jahrhunderte später mit einer Kugel.

Doch wir finden dieses Phänomen im Alltag, dass es schwierig ist, sich von Vorstellungen zu trennen, auch wenn wir wissen, dass sie falsch sind.

Jeder kennt Wörter, bei denen man immer wieder überlegt, wie sie richtig geschrieben werden. Das stammt daher, dass wir einmal über die Rechtschreibung dieses Wortes nachgedacht haben und uns angewöhnt haben das immer wieder bei diesem Wort zu tun. Wird das Wort beispielsweise „"Ärztin oder „Ärtztin" geschrieben? Wir schauen nach und wenn wir das öfter tun, dann gewöhnen wir uns daran und jedes Mal überlegen wir bei dem Wort, ob es richtig geschrieben wird. Das kennt bestimmt jede von uns, wenn auch mit anderen Wörtern. So auch bei Redewendungen oder Schreibmustern. Wenn ich eine E-Mail schreibe und tippe darunter, dass ich Verbesserungsvorschläge gern aufnehme. Dann muss ich damit rechnen, dass man mir welche zusendet. Doch wenn ich das mit dem Gedanken unter die E-Mail setze, dass ich für meine Teamfähigkeit gelobt werde, weil ich andere an meinem Projekt partizipieren lasse, dann werde ich sicherlich enttäuscht werden. Fange ich auch noch an, es mir zur Gewohnheit zu machen, dann werde ich immer wieder verbessert und fange wiederholt an, diese Kritik persönlich zu nehmen. Auch von der anderen Seite wird es einem vermutlich als Unsicherheit ausgelegt, wenn man immer wieder aufgefordert wird, Verbesserungen vorzunehmen.

Wenn die Verbesserungsvorschläge auf einen einprasseln, weil man anderen die Möglichkeit gibt sich nicht nur einzubringen, sondern auch noch deren Schreibstil in die Mail einzubringen, ist man sicherlich irgendwann sogar frustriert. Übernimmt man dann alles, weil man meint, höflich und teamfähig zu sein, entspricht das eigene Geschriebene letztlich gar nicht mehr dem, was man sich ursprünglich gedacht und zum Ziel gesetzt hat. Doch genau dazu neigen Frauen immer wieder. Ist die Harmonie nicht vorhanden, dann neigen sie dazu das persönlich zu nehmen und zu überlegen, was hat sie gegen mich. Doch genau darum geht es nicht. Schließlich darf man das nicht als persönliche Kritik aufnehmen. Denn man hat ja um diese Kritik gebeten.

Wenn Sie jedoch eigentlich erwarten, dass man Sie für den Wortlaut ihrer E-Mail anerkennend lobt, dann haben Sie das falsche Signal gesetzt. Dann müssten Sie anders fragen. Zum Beispiel: „Ist das Schreiben gut formuliert?" Dann erwarten Sie ein „ja" oder „nein" als Beurteilung beziehungsweise eine Bewertung und nicht ein Auseinanderpflücken ihres Textes.

Bestätigungen und Abweichungen, Lob und
Tadel, verankern unser Wissen tief.
Eventuell ist es abhängig davon, welcher Typ
Mensch man ist, wie man mit Lob und Tadel oder
Fehlern umgeht.

5. Was soll ich anziehen?

Diese Frage stellen sich die meisten Frauen.
Manchmal sogar den Abend vorher, bereits
morgens direkt nach dem Aufstehen oder vor
einem Meeting. Oft denkt man dann, man habe
gar nichts, dass zu dem Anlass passen könne.
Das rührt sicher daher, dass wir uns oft auf neue
Gesprächssituationen einstellen müssen und die
bewährten Strategien möglicherweise nicht
helfen können.
Sicherlich gibt es für jeden Anlass die passende
Kleidung. Man könnte meinen, dass es für
Männer einfacher ist, sich passend zu kleiden.
Doch das ist sicher nicht der Fall. Sie haben oft

nur weniger Auswahl. Doch auch hier gibt es Unterschiede in der Auswahl des passenden Musters und der Farben. Hier hat die Mode in den letzten Jahren auch für Männer einen großen Spielraum geschaffen. So gibt es auch für Männer Röcke oder Kaftans, die auch mitteleuropäische Männer gern tragen, weil sie sich darin wohl fühlen. Doch bis in den Büroalltag haben diese Kleidungsstücke es noch nicht geschafft.

Lediglich die Jogginghose, hat mittlerweile durch das Homeoffice zu Corona-Zeiten, einen Königsweg eingeschlagen, den man zuvor nie vermutet hätte. Doch dadurch, dass bei der Benutzung des PCs nur der Oberkörper auf dem Bildschirm der anderen Teilnehmer zu sehen ist, ist es egal geworden, was man unterhalb des Laptops trägt. Ansonsten gelten beim Onlinemeeting alle Tipps, die sonst auch im analogen Leben gelten.

Ich kenne Frauen, die ziehen sich mindestens fünfmal am Tag um. Neben dem Pyjama tragen sie einen bequemen Look zum Frühstücken, eine ausgesuchte Kleidung zum Einkaufen, da man ja eventuell Nachbarinnen treffen könnte, ein praktisches Outfit, um mit dem Hund zu gehen oder eine Kleidung im Laufe des Tages, mit der man das teure Outfit schont.

Dabei ist der Kleidungsmarkt der größte Markt, der auf der Welt existiert. Trotz der Bestrebungen nachhaltige Kleidung zu kaufen, ist es der Markt, der die Umwelt am meisten negativ belastet. Doch wenn die Kleidung noch fast neu oder gar nicht getragen worden ist, kann man auf dem Gebrauchtkleider-Markt das ein oder andere Schnäppchen kaufen und der Umwelt etwas Gutes tun.

Die Zeiten der „Schlabberlooks" scheinen vorbei zu sein und die Frauen lernen zu ihren Körpern zu stehen. Trotz des Vorbildcharakters, den man sicher in seinem Beruf gegenüber anderen haben sollte, tut ein bisschen Abwechslung aller Augen gut. Bestimmt jede Frau kennt eine Lehrerin aus ihrer Schulzeit, die tagein - tagaus dasselbe getragen hat. Dabei handelte es sich meist um Frauen, die sehr auf Inhalte konzentriert waren. Sie trugen diese immer gleiche Kleidung, wie eine Uniform. Dennoch war ihnen oft nicht klar, dass die Inhalte meist nicht vermittelt werden konnten, allein dadurch, weil man sich als Schülerin immer gefragt hat, warum diese Frau als Lehrerin nie etwas anders trägt, als immer diesen einen Rock.

Bedenkt man, dass bekanntlich der erste Eindruck zählt, dann weiß man, dass man durch sein Aussehen bereits non-verbal so kommuniziert, dass man manchmal unfreiwillig Nachrichten an sein Gegenüber aussendet, ohne überhaupt ein Wort gesprochen zu haben.

Haare: Eine lange und offene Mähne kann sehr schön anzusehen sein. Wenn aber die Person mit ihren Haaren ständig wie ein Schulmädchen beim

Gespräch damit spielt, wird sie auch als solches
von anderen so gesehen und belächelt werden.
Sicherlich wirken zurückgebundene Haare auch
manchmal streng, aber eine gewisse Strenge
steht auch symbolisch immer bei uns für eine
Gradlinigkeit und Verantwortlichkeit.
Dabei sollte jedoch auf das schnöde Haargummi
verzichtet werden, und Haarspangen oder
Bänder benutzt werden, die ein gewisses
Prestige vermitteln, ohne dass sie dabei verspielt
aussehen müssen.
Stewardessen haben zum Beispiel mit allen
Menschen zu tun und müssen ihnen zu Beginn
eines Fluges Anweisungen geben, wie sie sich in
Notfällen zu verhalten haben. Sie tragen nicht
nur eine Uniform, die eine gewisse Seriosität und
Corporate Identity vermittelt, sondern die Haare
hochgesteckt und das Gesicht frei haltend, da so
ihr offener Blick und ihre Mimik für jeden gut zu
sehen sind.

Schmuck: Kleinteilige und klimpernde
Armbänder oder Ketten sind in der Freizeit
sicherlich angebracht. Bei Besprechungen lenken
sie allein durch die für die
Gesprächsteilnehmerinnen ungewohnten
Geräusche von vorzutragenden Inhalten ab.
Nichts ist nerviger, als eine Kollegin oder
Mitarbeiterin, die ein Blatt Papier oder eine
Karteikarte zur gedanklichen Stütze ihres
Vortrages in der Hand hält und dabei immer mit

ihrem Armband und den kleinen Charm-
Anhängern laut über die Tischkante streicht.
Selbstverständlich ist Schmuck ein Statussymbol.
Es müssen nicht die dicken Buckerchen, die
mehrere Jahreseinkommen darstellen, sein.
Sondern es sollte Schmuck sein, der gut für den
jeweiligen Anlass ausgewählt ist. Wenn man
dann unechten Schmuck trägt, sollte er
wenigstens durch seine Kunstfertigkeit oder
Farbe besonders hervorstechen. Ansonsten
sollte man auf den Schmuck verzichten, bei dem
man auf den ersten Blick sieht, dass er ein „Fake"
ist. Denn wer Unechtes trägt, steht im Verdacht,
auch selbst falsch oder sogar verlogen zu sein
und dazu zu neigen, anderen Menschen etwas
vormachen zu wollen. Hat man sich ein
Gesprächsziel gesetzt, dann sollte man echten
Schmuck tragen, der auch eine gewisse
Dominanz vermittelt.

So trägt zum Beispiel Frau Angela Merkel erst
Halsketten, seitdem sie sich entschieden hat,
Bundeskanzlerin zu werden. Sie trägt kurze
Halsketten, meist auch aus Edelsteinen, die auf
ihre Anzugjacke farblich abgestimmt sind. Bei
großen Frauen wirkt auch eine lange Kette, die
einen interessanten Anhänger trägt. Dabei lassen
lange Ketten die Figur großer Frauen etwas
gestreckter aussehen. Auch breite Ringe, die
klare Formen zeigen, wirken dominant auf
andere Zuhörer und auch auf Frauen.

Brillen: Waren Brillen vor ein paar Jahren rein funktional als Sehhilfe zu verstehen, sind sie doch mittlerweile ein Schmuckstück geworden. Sicherlich hat dazu die Modalität der Versicherungen beigetragen, bei der man alle zwei Jahre eine neue Brille bezahlt bekommt, oder sobald sich die Sehschärfe nur ein klein wenig verändert hat. So gibt es auch Gestelle, die Frauen passend zur Kleidung auswechseln können, auch wenn die Gläser die gleichen bleiben. Auch hier sollte man beachten, dass man nicht mit defekten Brillen oder günstigen Discounter Brillen an Besprechungen teilnimmt. Denn damit vermittelt man, dass man dem Sichtbaren keinen großen Wert beimisst. Sonnenbrillen sind nicht nur dekorative Haarhalter, sondern inzwischen Prestigeobjekte geworden. Wir wissen alle, dass es sie ab 2,50 € in jedem Drogeriemarkt gibt und sogar mit verschiedenen UV-Klassen und doch ist das Ende der Preisskala nach oben hin offen. Und dabei gibt es die teuren und zum Teil sehr ausgefallenen Brillen von den verschiedensten Designern aller Kontinente.

Zu weite Kostüme:
In mancher Modeentwicklung sind zu breite oder besonders lange Kostüme oder Kleider von den Designern angesagt. Sicherlich ist das Tragen der angemessenen Kleidung abhängig von der Branche, mit der man beruflich zu tun hat. Doch für die meisten Firmen und Behörden gilt: Man

sollte nicht jede Mode beruf mitmachen! Denn hier zeigt sich ein gewisser Stilverlust, der auf andere unprofessionell wirkt. Menschen, dabei ist es egal, ob es sich um Männer oder Frauen handelt, können dann wie Kinder wirken, die in diese Anziehsachen noch hineinwachsen müssten. So wirken Frauen, wenn ihre Blazer zu groß wirken, so, als müssten sie noch in ihre Rolle hineinwachsen. Sie merken, dass die Kleidung dann sogar nicht nur auf die körperliche Größe, sondern auch auf die intellektuelle Ebene übertragen wird.

Röcke: Wenn Frauen sich maskulin anziehen, dann scheinen sie offenbar für höher besoldete Stellen in Frage zu kommen. Androgyn wirkenden Frauen werden verantwortungsvollere Posten als Frauen zugetraut, die Kleider tragen.[11] Sicherlich sollte unsere Bekleidungswelt im 21. Jahrhundert toleranter als noch vor einigen Jahren sein. Doch im Grunde sind wir das nicht. Wenn demnach Bewerberinnen zu einem Einstellungsgespräch in einem zu engen Kleid oder zu kurzen Rock, der gerade über den Po reicht, erscheinen, kann man davon ausgehen, dass diese Bewerberin nicht eingestellt wird. Denn sie signalisiert, dass ihre Beine gesehen werden und eventuell mehr, wenn der Rock verrutschen sollte. Es gibt bei uns Menschen einen sexuellen Trieb, der durch solche Signale angesprochen werden kann. Wie gesagt, das muss nicht so sein, aber es kommt eben vor. Wenn darunter eine blickdichte Strumpfhose getragen wird, dann wirkt die Bewerberin angezogen und die Kürze des Rockes spielt dann weniger eine Rolle. Ignoriert die Bewerberin oder Mitarbeiterin die missbilligen oder verwunderten Blicke der Mitglieder einer Gesprächsrunde, dann muss sie damit rechnen, dass sie nicht ernst genommen wird.[12]

Dekollté: Ich kenne eine Mitarbeiterin eines Vorstandes, die sicherlich einen traumhaft schönen Körper hat und diesen auch gern zur Schau stellt. In ihrer Position wirkt sie in der Gesprächsrunde wie eine Löwin. Das wirkt nicht nur so, weil sie eine große Figur hat, nein, sie scheint insgesamt perfekt zu sein. Als ich sie das erste Mal gesehen habe, war ich fasziniert von ihrem Anblick, doch was sie in ihrer Rede gesagt hat, kann ich eigentlich nicht mehr sagen. Doch ich kann sagen, wie sie ausgesehen hat. Meine andere Kollegin, die mit mir zu diesem Termin hingefahren war, hatte meine Blicke gesehen und richtig gedeutet. Denn sie sagte, „Toll, wie sie aussieht, oder? Aber ist es das, was wir wollen?" Ich schüttelte noch immer beeindruckt von ihrer Wirkung nur stumm verneinend meinen Kopf.
Nein, denn wir sind ja nicht beim Casting für eine Miss Germany Wahl, sondern bei einer dienstlichen Besprechung. Die schwarze Spitzenbluse, stand ihr gut zu dem dunklen Teint ihrer sonnengebräunten Haut und die oberen

drei Knöpfe waren so weit geöffnet, dass ihr
schwarzer mit hochwertiger Spitze besetzter BH
zu sehen war. Ihr Brustansatz wirkte wie ein
glatter Po. Eine andere Kollegin, die unser
Gespräch offenbar mitgelauscht hatte, meinte
leise zu uns flüsternd, dass man sich ja bei dem
Aussehen denken könne, wie die gutaussehende
Frau in die Vorstandsebene gekommen sei. Hier
zeigt sich die Gehässigkeit von Frauen
untereinander, die der Kollegin damit unterstellt,
dass sie aufgrund ihrer weiblichen Reize in den
Vorstand gekommen sei, sich wohlmöglich nach
oben geschlafen habe. Frauen tolerieren nicht
untereinander ein ansprechendes Aussehen und
Erfolg im Beruf. Doch dieses Zickentheater
sollten wir nun hinter uns lassen und uns
Powerfrauen gegenseitig akzeptieren und
fördern.

Schminke: Zu viel oder zu wenig ist dabei die
Frage. Gar keine Schminke verwenden, wirkt
farblos und unscheinbar. Sicherlich ist der Einsatz
von Make-up, Lippenstift oder Eyelinern
abhängig vom Alter der
Gesprächsteilnehmerinnen. Eine kostenlose
Beratung zum passenden Hauttyp bieten
mittlerweile sogar Parfümerien an. Dabei sollte
man auch nicht alles gleich betonen, sondern
sich zum Beispiel nur für die Betonung der Augen
oder Lippen entscheiden. Beides und
wohlmöglich noch Rouge dazu, wirken oft zu viel
des Guten. Auch hier gilt, je knalliger die Farben,

desto mehr sorgt man vermutlich ungewollt für eine Ablenkung von den wichtigen Gesprächsinhalten.

Schwarz[13]: Der Einfachheit halber, tragen nun einige Menschen vorwiegend schwarz. Architektinnen zum Beispiel neigen dazu. Das kann sehr praktische Gründe haben, da das Sortieren der Wäsche vor dem Waschgang entfällt, das kann auch ästhetische Gründe haben, weil es der Person tatsächlich gutsteht. Es kann Macht ausstrahlen. Doch wirkt es in Besprechungen bei Frauen oft unvorteilhaft, da es unscheinbar ist.
Zudem kann es Missverständnisse hervorrufen, indem man gefragt wird, ob man das Schwarz als Zeichen der selbst empfundenen Trauer um einen geliebten Menschen trage.

Rot: Es gibt viele Rottöne, so dass für jeden Frauentyp sicherlich das passende Rot dabei sein kann. Rot fällt in einer Gesprächsrunde immer auf und signalisiert farbpsychologisch Selbstbewusstsein.
Die Farbe löst eine Bereitschaft in anderen aus, der Dame, die Rot trägt, Interesse zu schenken. Leidenschaft, Lebensfreude und Energie werden durch sie ausgedrückt. In einem positiven Sinne, denn Rot ist die Farbe der Liebe. Das gilt für Männer und Frauen.
Menschen, die bei Gesprächen Rotes gut sichtbar tragen, wird eher Recht gegeben. Vermutlich

hängt das damit zusammen, dass auch im juristischen Bereich die Farbe Rot, sei es bei der Wahl der Tinte oder der Amtstrachten, oft eine entscheidende Bedeutung hat.

Dass ich mit meinem roten Kleid bei einer privaten Party bewundernde Blicke erntete, konnte ich nicht nur an den häufigen Blitzlichtern der Kameras oder den Blicken sehen, sondern auch an dem bissigen Kommentar einer Nachbarin. Sie meinte, ob ich wisse, was das bedeute, wenn eine Frau rot trage?

Ich wusste überhaupt nicht, was sie damit meinte. Aber es hatte mich verunsichert. Ich vermutete das Schlimmste, dass sie auch auf meine Nachfrage hin bestätigte, nämlich dass das Tragen eines solchen Kleides eine Aufforderung für andere sei mit mir Sex zu haben. Also nickte ich nur wissend und lachte sie freundlich an. Dann sagte ich ihr: „Ja und?"

Zumal ich 25 Jahre glücklich verheiratet bin und mein Ehemann daneben stand.

Sie guckte betreten zur Seite und lächelte mich den Rest des Abends nur unsicher an. Offensichtlich hatte ich ihr eine Denkaufgabe gegeben. Das Selbstbewusstsein, was ich ausgestrahlt hatte, war offensichtlich zu viel für diese Frau gewesen. Und doch hatte ich mich durch ihre Bemerkung angegriffen und verunsichert gefühlt.

Die Verunsicherung hatte ich nun auf diese Weise an sie zurückgegeben. Dabei wären auch sicherlich andere Reaktionen meinerseits möglich gewesen. Zum Beispiel hätte eine Chance darin gelegen, erstmal weiter nachzufragen, was sie jetzt genau damit meint oder wo man diese Informationen nachlesen könne. Doch ich wollte ja tanzen und Spaß haben und keine tiefsinnigen Diskussionen auf einer privaten Party führen. Sicherlich hätte ich ihr auch anbieten können, sich das Kleid einmal auszuleihen. In diesem Fall war meine Frage wohl gut gewählt gewesen. Ich hatte den verbalen Schlagabtausch gewonnen und wir begegnen uns weiterhin freundlich und respektvoll.

Schuhe: Große Menschen haben in Betrieben oder Behörden oft Vorteile gegenüber kleinen Menschen. Auch hier ist es so, dass man ihnen mehr Respekt zollt und sie bei Besprechungen überwiegend ernster genommen werden als kleine Menschen. Das gilt auch für große Frauen im Berufsleben.
In der Partnersuche kann das wiederum ganz anders aussehen und große Frauen können es dabei schwieriger haben, insbesondere, wenn ihre Partner kleiner sind als sie. Das ist sicherlich traditionell, aber auch verhaltenspsychologisch zu begründen. Denn kleine Frauen wecken eher in Männern einen Beschützerinstinkt als große Frauen. Doch große Frauen haben beruflich gesehen nicht nur in Deutschland mehr Durchsetzungskraft bei Gesprächen. Sie wirken wie Germania, die Göttin, die über alles herrscht

und bestimmt. Man schaut zu ihr hinauf. Deswegen ist alles richtig, was sie sagt und entscheidet. Das könnte man zumindest meinen. Dabei wollen diese Frauen manchmal gar nicht groß wirken. Wenn man sie fragt, haben sie oft Angst davor zu überheblich zu erscheinen. So kann das Verhalten, was zum Beispiel als arrogant von anderen Frauen ausgelegt werden kann, sich sehr nachteilig bei Besprechungen auswirken. Überheblichkeit wird mit verbalen Attacken oder überzogener Ignoranz bestraft. Das kann für Abstimmungsprozesse, die man in die Wege leiten möchte, negative Auswirkungen haben.

Wenn man Männer fragt, welche Schuhe eine Frau zu einem bestimmten Zeitpunkt getragen hat, wissen sie das häufig nicht und doch meinen Frauen, dass sie für Männer damit sexy oder zumindest besonders ansprechend wirken. Es ist ein Phänomen, das ebenso wie das Tragen von Schmuck eher Frauen betrifft.

Hohe Schuhe haben den Vorteil, dass man ein wenig höher steht und einen weicheren Gang hat. Doch nützt das wenig, wenn dann die Teilnehmerinnen während der Besprechungen sitzen und ihre Schuhe gar nicht zu sehen sind. Es gibt sogar Frauen, die ihre Schuhe bei Meetings unterm Tisch ausziehen, um sich eine Erleichterung von den unbequemen Schuhen zu verschaffen.

Ich kenne eine Frau, die bei Besprechungen grundsätzlich ihre Pumps ausgezogen hat und

anschließend unter dem Tisch ständig ihre Füße
aneinander gerieben hat. Woher ich das weiß?
Weil es meist der Glastisch war, an dem wir alle
zusammengesessen hatten. Ich habe mich
ständig gefragt, warum sie dann keine
bequemen Schuhe angezogen hat. Der Inhalt
ging meistens an den Teilnehmern vorbei, weil
sie sich alle versuchten darauf zu konzentrieren,
nicht auf diese sich reibenden Füße unter der
Glasplatte zu achten. Das hatte jedoch für
manche Abstimmung aber auch seine Vorteile,
denn meist wurde von den Teilnehmern keine
Gegenstimme gegeben, denn bei Nachfragen
hätte man ja nicht den Mut gehabt, auf die
Ablenkung der Füße der Vorsitzenden
hinzuweisen, denen man lieber zugesehen hatte,
als sich mit dem trockenen Gesprächsstoff
auseinander zu setzen.
In den letzten Jahren sind auch Turnschuhe so
salonfähig geworden, dass sie in der
abgewandelten Version der Sneaker sogar mit
Strass oder Glitzer versehen sind und zu
Besprechungen oder abendlichen Anlässen
getragen werden können.

Strümpfe: Grundsätzlich sollte man als Frau in
der Geschäftswelt Strumpfhosen tragen. Dabei
sollte man auf das Zeigen von Strumpfhaltern
oder Strumpfhosen mit besonders wirren
Mustern verzichten. Denn schließlich sollten die
Strümpfe oder der Life-Style nicht der Anlass für
Gespräche sein, sondern die Gesprächsziele im

Fokus stehen, die man als Frau versucht zu erreichen. Nackte Beine oder Füße müssen schon sehr gepflegt wirken, damit man sie ohne Strümpfe zeigen kann. Bei allem Mut zum eigenen Selbst zu stehen, was sicher seine Berechtigung hat, sollte man doch stets auf ein gepflegtes Äußeres achten, wenn man sich durchsetzen will.

Nicht zu sehen und doch gibt es sie, die Seidenkniestrümpfe. Und es gut, dass man sie nicht in voller Länge sieht. Ein irritierendes Erlebnis hatte ich, als ich neben einer Prüferin saß und sie während der Prüfung ihre Seidenkniestrümpfe wechselte. Nicht nur, dass das Hochschieben des Hosenbeinstoffes raschelnde und störende Geräusche verursachte, nein, sie kramte auch in ihrer Tasche so lange wild rum, bis sie die Ersatzstrümpfe, die meines Erachtens optisch keinen Unterschied zu den vorherigen darstellten, fand.

Dabei unterhielt sie sich ständig leise mit mir. Der Prüfling hatte es entweder geschickt ignoriert oder es einfach nicht wahrgenommen. Ich hoffte auf Letzteres und zitterte für den Prüfling mit, dass er sich nicht von seinem Konzept abbringen lassen sollte. Auch die anderen Prüfungsteilnehmer ignorierten dieses Verhalten. Ich fand die Situation skurril und überlegte, wo die Grenzen sind? Was wäre, wenn sie einfach ihren Pulli in einer Prüfungssituation wechseln würde?

Nach der Prüfung habe ich sie dann gefragt, was sie von dieser Prüfungszeit mitbekommen hat und wie sie die Prüfung fand? Sie antwortete, dass sie den Prüfling bei einer vorherigen Gelegenheit bereits bei seiner Arbeit gesehen habe, und dass die Note für sie ohnehin schon vorher festgestanden hätte. Sicherheitshalber notierte ich mir diese Aussage, die sie mir gegeben hatte. Aber da die Prüfung für den Bewerber gut ausgegangen war, hatte ich keine Veranlassung gesehen, gegen sie vorzugehen

6. Status-Symbole

Natürlich bringen uns unsere Lehrer bei, dass Marken und Status-Symbole nicht sein müssen, da wir uns daran nicht orientieren sollten, sondern auf die richtige Entwicklung der inneren Werte schauen sollten.

Doch meiden wir diese Symbole oder lehnen sie grundsätzlich ab, dann lehnen wir auch das Hierarchiedenken vieler Menschen ab und das könnte sich manchmal als Fehler herausstellen, weil es dann so aussieht, als würden diese Frauen keine Führungspositionen erreichen wollen oder diese sogar ablehnen.

Es ist in den 1990ern ein Klassiker der deutschen Werbegeschichte entstanden, als die Sparkasse mit dem Spot „Mein Haus, mein Boot, mein Auto" für sich warb. Nun hat ein Kreativduo das herkömmliche Commercial neu interpretiert. Mit einer Frau, die ihren Widersacher in die Schranken weist. Sie nehmen den Gender Pay Gap in den Fokus. Denn Frauen verdienen nicht nur 21 Prozent weniger als Männer und bekommen deswegen auch weniger Rente.[14] Da das vielen Frauen offenbar nicht bewusst ist, wollen die Banken, Sparkassen und Versicherungen die Frauen aufrütteln sich um ihre Altersvorsorge zu kümmern. Natürlich geht es dabei auch um Kundengewinnung und steigende Umsätze für die Kreditunternehmen. In dem neuen Werbespot zeigt ein smart aussehender älterer Herr einer Dame beim

„Dinner for Two" mit übersteigertem Stolz sein
Altenheim, der Whirlpool als seniorengerechtes
Bad und ein Segway als modernen Rollstuhl.
Doch Dank der Sparkassenberaterin kann die
Frau ihn mit Unabhängigkeit übertrumpfen.
Denn sie zeigt, ein luxuriöseres Altenheim, ein
See als Bad und ein Motorrad als Rollstuhl.
Obwohl sie weniger verdient haben soll als ihr
Konkurrent, hat sie mehr Freiheiten und Luxus
als er.
Doch Frauen tun sich im Allgemeinen schwer mit
dem Zeigen von Statussymbolen. Das liegt sicher
in ihrem natürlichen Bedürfnis nach Harmonie
begründet. Denn Statussymbole sichern einem
nicht nur den Platz, an dem man beruflich und
gesellschaftlich steht, sondern sie erzeugen auch
Neid.
Doch haben Frauen auch Statussymbole, neben
den Symbolen, die auch insbesondere Männern
wichtig sind, wie zum Beispiel eine wertvolle Uhr,
ein PS-starkes Auto, ein eigenes Büro, oder ein
großes Haus?
Neben den genannten Dingen wie Schmuck oder
Schuhe, sind für Frauen auch die Marken wichtig.
Das gilt nicht nur für teure Handtaschen, sondern
mittlerweile für alle Kleidungsstücke. Doch mit
der Mode gehen kann mittlerweile jede Frau, die
im Internet danach recherchiert, was in der
kommenden Saison in sein wird. Es gibt nichts
Fürchterlicheres für eine Frau, wenn sie eine
andere Frau sieht, die in Schlaghosen rumläuft,

obwohl doch in diesem Jahr enge Röhrenjeans
angesagt sind.
Da wird unterstellt, dass diese Frau keinen Wert
auf ihr Äußeres legt und sie nicht zeitgemäß
handelt oder denken kann.
Im Berufsleben gilt, dass man das richtige
Equipment hat, um gut arbeiten zu können. Das
gilt für jeden Menschen. Im Rahmen der
Digitalisierung reicht ein einfaches Tablet für
Besprechungen nicht aus. Es sollte das Werkzeug
sein, dass nicht nur schnell einsatzfähig ist,
sondern auch nach etwas aussieht. Eine
Labtoptasche signalisiert, dass man mit den
Geräten sorgsam umgeht, `also macht sie das
wahrscheinlich auch mit allem so´. Ein rundum
beklebter Laptop zeigt, dass die Frau vermutlich
kreativ ist, aber bestimmte Macken, die vielleicht
nicht nur auf dem Laptop vorhanden sind,
verstecken möchte. Bei Online- Veranstaltungen
gehört ein Headset dazu, dass die Frau einfach
bedienen kann und nicht mit dem Kabel unnötig
störende Geräusche für alle Teilnehmer
verursacht.
Auch die Handyhülle sollte einen seriösen
Eindruck vermitteln. Denn wir wissen alle, dass
unser Mobiltelefon das Büro ist, das wir ständig
mit uns tragen. Wenn es wie ein Spielzeug
aussieht, weil in der Hülle eine Luftblase oder
Glitter ist, was man hin und her schieben kann,
vermuten wir alle, dass in langweiligen
Situationen, wie zum Beispiel Besprechungen

lieber mit dieser Blase gespielt wird, als
zumindest respektvoll so zu tun als höre man zu.
Auch der Schlüsselbund sollte gepflegt aussehen.
Nicht nur dass Kennerinnen erkennen, welches
Auto man fährt, sondern er zeigt auch, wie man
damit umgeht.
Sollten Frauen das Privileg von Kollegen oder der
Firma angeboten bekommen, dass sie chauffiert
werden, oder mit der ersten Klasse der Bahn zu
fahren, dann sollten sie das annehmen. Denn
daran werden Frauen gegebenenfalls gemessen,
ob sie die Rolle, in der sie stecken ausfüllen.
Natürlich sind auch mittlerweile Bezahlkarten ein
Statussymbol. Insbesondere, wenn sie die
Vielfliegerkarte im Flughafen zücken, erregen sie
Aufsehen.
Frauen empfinden das häufig nicht als so wichtig
und doch tun sie es alle auf ihre Art, manchmal
auf eine subtile, so dass eine Stilberatung schon
eine Menge bringen könnte.
Denn Männer wissen, „Ohne Zepter kein König"
und wittern Chancen für Angriffe auf die
beruflichen Positionen von Frauen, wenn diese
sich demgegenüber gleichgültig zeigen.[15]

7. Eskalation in horizontaler Sprachebene

Jede Frau kennt es. Der Kill-Talk ist die Endstufe des Gesprächs zwischen zwei Frauen, die horizontal miteinander kommunizieren. Im Kindergarten lautet es noch, „Nein, ich lade dich nicht mehr zu meinem Geburtstag ein." Die Gründe dafür sind auf Nachfrage fadenscheinig, dass zum Beispiel das Mädchen nur eine begrenzte Zahl einladen darf oder die Mutter andere Vorgaben gemacht hat. Natürlich erfährt das nicht eingeladene Mädchen, selbst auf ihre Frage nicht die Wahrheit, warum sie nicht eingeladen worden ist. Sie bekommt, wenn überhaupt nur ein Schulterzucken auf ihre Frage. Und so kommt es, dank der schülerorientierten Unterrichtsmethoden in der Schule und den ab und zu stattfindenden Klassenfahrten, dann doch das ein oder andere Mal zum Aufbrechen festgefahrener und auch manchmal durch Eltern unterstützte traditionelle Gruppenmuster oder Nachbarschaftssympathien zu neuen Konstellationen. Kinder stellen fest, dass die beste Freundin gar nicht immer die beste Freundin war und lernen auch andere Kinder kennen und sie zu tolerieren oder knüpfen sogar Freundschaften mit ihnen.
Dennoch ist es immer wieder eine bittere Erfahrung, wenn man von der angeblich besten Freundin erfährt, dass man Silvester bei ihr nicht eingeladen worden ist, aber alle anderen da waren, obwohl sie eine Woche vorher bei einem

selbst zu Besuch gewesen war und man fröhlich
einen Wein zusammen getrunken hat.
Oder man erfährt von der Kollegin, dass man
plötzlich nicht mehr Teilnehmerin eines
Projektes ist, obwohl man Jahre zuvor schon viel
Zeit und Mühe in das Projekt gesteckt hatte.

Der Kill – Talk ist das Ende einer längeren
Eskalationstreppe.

1. Die Kommunikation beginnt mit
    gegenseitigen Sympathiebekundungen im
    High-Talk Modus. Dabei geht es um den
    Austausch des Erlernten. Begründungen,
    Argumente, Fragen und sachliche
    Kompetenz. Auch die mütterliche
    Fürsorge füreinander kann dabei eine
    Rolle spielen.

2   Dann schwenkt der Talk langsam in einen
    Minus-Talk um. Neben Scheinargumenten
    finden kleine Demütigungen statt. Jemanden
    beiläufig übergehen. Die Einladung vergessen
    weiterzuleiten, bis hin zu kurz angebundener
    Diktion, Augen verdrehen, eisige Mimik.

3   Im **Kill Talk** Bereich wird schlecht über
    einen geredet, Lügen verwischen die
    Realität, Gerüchte über Nebentätigkeiten,
    Geld und Sex können eine Rolle spielen.
    Oder es erfolgt eine direkte Manipulation
    bei der Geschäftsleitung.

70

Dieser Kill-Talk Bereich kann im wahrsten Sinne des Wortes tödlich sein. Denn er hat Mobbingcharakter und läuft meistens hinten herum und damit nicht greifbar. Er kann zu Dienstgesprächen, Disziplinarverfahren, Abmahnungen und Kündigung führen.
Bei psychisch labilen Menschen kann er jedoch nicht nur eine Depression verstärken, sondern zu Körperschäden oder sogar auch zum Selbstmord führen.
Es ist schwer dagegen anzugehen, aber es ist nicht unmöglich. Man muss sich nur darüber klar sein, dass diese aggressiven Aktionen subtil im Hintergrund gelaufen sind. Oft sind sie nur verzögert in der letzten Stufe zu erkennen. Das ist auch für die Vorgesetzten so, da sie ja meistens vertikal denken und kommunizieren. Und plötzlich ist da jemand, der eventuell ausfällt und ersetzt werden muss.
Die Gründe dafür können Chefs auch oft ganz egal sein. Sie sehen nur die Organisation ihres Betriebes, den sie am Laufen halten müssen. Hat man festgestellt, dass man sich in der Endstufe befindet, dann sollte man den Angriff wagen und mit jedem einzelnen sprechen. Dabei sollte man zuerst dem Ausübenden bzw. dem Projektleiter die Chance geben sich dazu zu äußern, warum man aus dem Projekt geflogen ist. Wenn nur fadenscheinige Gründe vorgetragen wurden, zum Beispiel man habe einmal eher uninteressiert gewirkt oder ähnliches, dann kann man entsprechende

Argumente vorbringen, warum man sich bei dem
Teilaspekt nicht so wie sonst aus dem Fenster
gelehnt hat, oder dass es sich um einen Irrtum
handeln muss.

Arbeitsrechtliche oder dienstliche Vergehen sind
natürlich berechtigte Gründe, warum man
ausgeschlossen wurde. Die sollten jedoch jetzt
hier keine Rolle spielen.

Doch sind es Gründe wie zum Beispiel, die Frau
D. hat gesagt und der Herr F. hat dies über dich
erzählt. Und dann, wenn du mich so fragst, weiß
ich auch nicht mehr genau, aber so ähnlich
wurde es berichtet.

Dann sollte man sich die Personen alle
aufschreiben, die einem genannt werden. Man
ist erstaunt, wenn man das tut, wie viele
Personen an diesem Prozess tatsächlich
mitgewirkt haben sollen. Und doch sollte man
mit diesen Personen darüber sprechen, auch
wenn es einem zu viele erscheinen. Doch es
lohnt sich! Wenn es möglich ist, am besten
persönlich, wenn es nicht geht, dann zumindest
telefonisch, aber auf keinen Fall schriftlich per E-
Mail oder andere Messenger Dienste nutzen.

Tut man dies, stellt man fest, dass manche
Personen dabei sind, die gar nichts von dem Fall
wissen und völlig überrascht sind, dass sie etwas
gesagt haben sollen.

„Wie das soll ich gesagt haben, hab´ ich gar nicht
und wenn dann in einem ganz anderen
Zusammenhang, oh das tut mir leid, aber ich

kann gar nichts dafür." Wahrscheinlich ist es sogar genauso gelaufen.

Andere werden behaupten, dass sie gar nichts darüber wissen. Und ein Teil wird man gar nicht fragen können, weil sie einem von der Projektleitung gar nicht genannt wurden. Versteht man die Situation immer noch nicht, weil man sich nichts hat zu Schulden kommen lassen, außer dass man versucht hat, gute Arbeit zu leisten, dann sollte man bei der Chefabteilung nachfragen, ob da etwas bekannt sei, warum man aus diesem Projekt geflogen sei, oder ob es sich um ein Missverständnis gehandelt haben könnte. In vielen Fällen wird man dann feststellen, dass gar nichts vorlag.

Denn nur weil man gute Arbeit geleistet hat, ist man zur Konkurrentin geworden. Die galt es aber zu killen beziehungsweise aus dem Weg zu räumen, bevor sie einem den Stuhl absägt, auf dem man sitzt oder einen in der Position gegebenenfalls überholt. Hier sind wir bei der vertikalen Denkweise angekommen.

Ist man mit der Position zufrieden, in der man ist, dann sollte man nun das Gespräch mit der Projektleitung suchen. Das Problem offen ansprechen und deutlich machen, dass die Hierarchie ganz klar ist und nicht angegriffen wird. Ist der Projektleiter souverän, reagiert er darauf, indem er Sie als zuvor „gekillte" Person wieder aufnimmt und alles als Missverständnis runterspielen wird. Dann ist die Projektleitung sich einer fleißigen Biene im Team bewusst und kann beruhigt weiter von ihr profitieren.

Möchte die ausgeschlossene Teilnehmerin weiterkommen und gegebenenfalls die Projektleitung überholen, soll sie all ihre Erkenntnisse und Fähigkeiten sammeln, strukturieren und der Firmenleitung vorstellen und dies einfordern. Denn letztlich ist sie ihrer Projektleitung zu gefährlich geworden und kann sich das als Lob anrechnen und ein eigenes Projekt auf die Beine stellen.

Stellt die Firmenleitung, die solche Prozesse zwar oft erst am Ende erkennt, Ihnen eine andere Aufgabe, die Sie lockt, dann sollte man sich umorientieren.

Der Stellenmarkt ist immer offen für gute Arbeitskräfte mit guten Qualifikationen und hoher Motivation, die arbeiten und nach vorne kommen wollen.

In Behörden sieht es nicht anders aus. Denn auch wenn es keine Regel-, sondern Leistungsbeurteilungen sind, dann wird einem die Beurteilung vom Vorgesetzten geschrieben und mit dieser Beurteilung muss man vorläufig leben. Wenn man zeitlich weit vorher nach einem Gespräch unter vier Augen seine Chancen auf eine Leistungsbeförderung abwägen kann, dann sollte man sich gegebenenfalls an eine andere Behörde oder Firma bewerben, damit man durch eine neue Leitung eine neue Beurteilung bekommen kann.

Es kann immer wieder passieren, dass man einfach nicht richtig von der Leitung in der Behörde oder der Firma gesehen wird, dann sollte man versuchen sich durch Gespräche und Hinweise auf die eigene Leistung nach vorn zu bringen. Dafür sollte man sich mal aufschreiben, was man alles in den letzten Jahren für die Firma oder Behörde getan hat. Spiegelt man sich auf diese Weise die Tätigkeiten, ist man manchmal selbst erstaunt darüber, was man über seine normale Tätigkeit hinaus alles geleistet hat.

Hegt man den Verdacht, dass Andere bevorzugt werden, weil sie durch eine bessere Beziehung zur Behördenleitung nach oben kommen, sollte man das offen ansprechen. Bringen diese Gespräche keinen spürbaren Erfolg, sollte man eventuell den Betriebsrat oder den Personalrat einschalten. Oft hilft auch schon der Hinweis, dass man Einsicht in die Personalakte nehmen möchte. Natürlich hat jede Arbeitnehmerin ein Recht darauf in die Akte einzusehen. Bei der Bitte um Einsichtnahme sollte man dann erklären, dass man irritiert sei, dass man noch nicht für eine Beförderung in Frage gekommen sei und dass man einmal nachschauen möchte, ob alle Belege der Fortbildungen vollständig vorhanden seien. Natürlich nimmt man auch den Rest der Akte in Augenschein, denn ausdrücklich negative Formulierungen dürfen nicht darinstehen.

Auch bei Verhandlungen über
Gehaltserhöhungen sollte man mit Betrieben
geschickt agieren. Frauen verdienen nicht nur
weniger als Männer, weil sie Frauen sind.
Sondern es liegt oft daran, dass sie keine oder zu
geringe Forderungen an ihre Arbeitgeber stellen.
Doch Frauen erwarten auf der horizontalen
Ebene einfach, dass man ihre Leistungen
stillschweigend wahrnimmt und irgendwann
würdigen wird. Doch genau das wird nicht
passieren. Selbst wenn man den Arbeitgeber
darum einmal bittet, wird nicht zwangsläufig das
Gehalt erhöht. Das wäre fast so, als ob Kinder um
die Erhöhung des Taschengeldes bitten und man
gibt ihnen, weil man sie so lieb hat, einfach
mehr. Doch das machen Arbeitgeber nicht. Sie
denken und sprechen nicht horizontal und sehen
mit dem einmal vereinbarten Gehalt oft die
Bedürfnisse der Arbeitnehmerin endgültig
gedeckt.
Doch das Gehalt ist eine Anerkennung der
geleisteten Arbeit, die oft über das normale Maß
an Arbeit hinaus geht.
Jede Frau kann sich jedoch sehr wohl digital oder
persönlich in anderen Firmen erkundigen, wie
Menschen für die gleiche Tätigkeit bezahlt
werden und das Gleiche für sich einfordern.

8. Stimme und Redeweise:

Mit dem Phänomen Stimme beschäftigt man sich
erst seit ca. 30 Jahren. Obwohl sie eines unserer
wichtigsten Verständigungsmittel ist.
Zwerchfell, Lungen, Luftröhre und Brustkorb
dienen als Windkessel und Stimmstütze. Der
Kehlkopf und die Stimmritze funktionieren als
Tonerzeuger, Rachen, Mund und Nasenhöhle als
Resonator. Das zeigt, wie viele verschiedene
Strukturen im menschlichen Körper koordiniert
werden müssen. Im Grunde beeinflusst der
gesamte Körper unsere Stimme. Verändern wir
unsere Körperhaltung, indem wir uns bücken
oder aufrichten, verändern wir auch unsere
Stimme.
Der Kehlkopf spielt eine besondere Rolle. Beim
Schlucken ist seine Bewegung im Hals von außen
mit der Hand zu fühlen. Er besteht aus dem
Skelett gelenkig verbundener Knorpel und einer
inneren und äußeren Muskulatur. Den Kehlkopf
bewegt man normalerweise unbewusst, wenn
man die Stimme hebt und senkt. Damit sich
solche Positionsverschiebungen nicht störend
auf die Stimme auswirken, lernen Sänger meist
ihre Töne mit den äußeren Muskeln des
Kehlkopfes auf einer Höhe zu halten.
Ohne hier näher auf die biologischen Strukturen
weiter eingehen zu wollen, gibt es Stimmen, die
wir gern hören und Stimmen, die wir als
unangenehm und sogar anstrengend empfinden.

Unsere Stimme ist sicherlich das komplizierteste
Musikinstrument. Die Resonanzräume wie zum
Beispiel Mund-, Rachen- und Nasenraum
beeinflussen den Klang unserer Stimme. Anders
als bei einer Flöte ist der menschliche
Resonanzraum veränderbar. Dabei werden
Frequenzen gedämpft oder verstärkt.
Jede Stimme ist individuell, denn der Vokaltrakt
ist bei jedem Menschen verschieden. Bei Frauen
und Kindern ist er insgesamt kürzer als bei
Männern ausgebildet, so dass wir Frauen häufig
wahrnehmbar höher sprechen.[16]
Wollen wir als Frau ernst genommen werden,
sollte man darauf achten aus dem Bauch heraus
zu atmen und zu sprechen, damit sich unsere
Tonlage tiefer anhört.
Aus eigenen Beobachtungen kann sagen, dass
wenn eine Lehrerin oder Mitarbeiterin sich
gegenüber ihrer Klasse oder den Kollegen
*ginnen aufregt und ihre Stimme dabei
unkontrolliert nach oben in den höheren
Frequenzbereich entgleitet, dann sieht man an
den Reaktionen der Beobachter und Zuhörer/-
innen, dass sie gar nicht ernst genommen wird.
Die Augen werden verdreht. Die Kollegen
wenden sich ab. Manche schütteln sogar den
Kopf. Die Emotion kann noch so berechtigt sein.
In unserer westlichen und von Männern
dominierten Welt, wird sie einfach nicht ernst
genommen und wird als „hysterisch"
abgestempelt.

Das gilt es zu vermeiden. Der gleiche Inhalt kann
mit Pausen, in einem tiefen Ton seine Wirkung
viel besser entfalten. Probieren Sie es einfach
aus.

9. Wie kann Konkurrenz gut sein?

„Der Wettbewerb belebt das Geschäft", heißt es. Doch das kann auch geschehen, ohne dass man gegen jemanden kämpft.
Denn die Rivalinnen eröffnen uns neue Möglichkeiten. Wenn jemand etwas macht, das wir selbst nicht beherrschen, dann heißt dies nicht, dass wir es selbst nicht können.
Es heißt, dass wir es erlernen können, durch das Training, Try and Error Prinzip, Weiterbildung oder Unterstützung.

Konkurrenz ist grundsätzlich eine evolutionäre Überlebensstrategie. Zum Beispiel sind Kinder von Natur aus neugierig und wollen etwas lernen. Sie fühlen sich noch unfertig. Sie vergleichen sich ständig mit Geschwistern oder Freunden. Es geht um Größe, Alter oder ganz profan zum Beispiel um Haarlänge. Dieses Streben wird von uns auf der westlichen Hemisphäre durch Eltern, Verwandte und Lehrkräfte gefördert – zum Beispiel durch Tadel, Lob oder Belohnung.
Wenn es um Konkurrenz geht, dreht es sich um das Buhlen von Anerkennung. Es ist demnach natürlich, sich mit anderen Menschen zu messen.

Konkurrenz ist ein Urinstinkt.

Wer einst schneller als alle anderen laufen konnte, konnte als Urzeitmensch dem Säbelzahntiger entkommen.
Doch was hat das mit uns Frauen zu tun. Natürlich hatten auch Urzeitfrauen damals ihre Fressfeinde und mussten körperlich fit sein, um nicht das Opfer von Jägern zu werden. Doch lässt sich nicht allein daraus das Konkurrenzverhalten unter Frauen erklären.
Vielmehr ging es auch darum, sich erfolgreich fortzupflanzen. Dieser Gedanke ist für viele Frauen möglicherweise heute völlig fern, die ihre Erfüllung in anderen Dingen des Lebens sehen, zum Beispiel in die Managementabteilungen zu kommen, finanziell unabhängig zu sein oder sich ein Penthouse irgendwann einmal kaufen zu können.
Verfolgt man aber den Gedanken, dass die Frauen in der Steinzeit einen gesunden Mann gesucht haben, der ihnen durch seine Besamung ein körperlich fittes Kind beschert, dann musste diese Frau auf sich aufmerksam machen. Wenn es dann Konkurrentinnen gab, dann musste sich die Frau durch etwas von den Konkurrentinnen abheben. Das konnte ihr Äußeres sein, ihre körperliche Fitness oder ihre geistige Überlegenheit, bestenfalls alles zusammen.
„Ich weiß, wo ich die besten Beeren finde, und kann sie pflücken und damit unser Überleben sichern.“

Konkurrenz kann etwas Gutes haben. Sie kann unsere Werte und Einstellungen und unsere Motivation anspornen.

Wie können Sie Konkurrenz positiv nutzen?

Wenn Sie eine Rivalin, Erzfeindin oder eine Reizperson haben, dann ist das gut und Sie können dafür dankbar sein. Halten Sie sie fest und setzen Sie sich mit ihr auseinander.
Die Rivalität kann Ihnen ungeahnte Möglichkeiten eröffnen.
Wir suchen im Leben ständig nach Orientierung. So scheinen uns manche Regeln Sicherheit zu geben, doch andere Regeln verunsichern uns und machen uns sogar ärgerlich.
Wir Frauen fragen uns ständig, wo wir gerade im Leben stehen. Befinden wir uns in einer Ausbildungsphase oder sind wir bereits beruflich gesettelt? Können wir sicher sein, mit unserem Lebenspartner *in zusammenbleiben zu können? Was machen wir, wenn sich die Lebenspläne anders entwickeln als wir sie uns gedacht haben?
Wir Frauen haben ein Talent dafür unser Reflexionsvermögen ständig zu nutzen. Denn vermutlich sprechen wir Frauen nicht nur mehr als Männer, sondern eventuell denken wir auch einfach mehr.
Auf viele dieser Fragen, die wir uns häufig stellen, gibt es keine Antworten, die allgemeingültig, wahr und zukunftssichernd sind.

Doch warum messen wir uns? Wir könnten ja
zurück und stolz auf unsere Vergangenheit
blicken. So könnten wir uns an unseren eigenen
Erfolgen messen.
Doch dieser Blick erfordert eine besondere
Schulung. Man muss es in den meisten Fällen
erst einmal üben, auf das Positive im Leben zu
schauen und lernen darauf stolz zu sein.
Stattdessen messen wir uns meist an den
anderen, die gegenwärtig sind.

„Ob ich selbst etwas beherrsche, sehe ich nur
über den Vergleich mit anderen."
Frauke Wilhelm, Sportpsychologin und
ehemalige Leistungsturnerin

Ob man nun von Konkurrentin oder Rivalin
spricht, ist fast einerlei. Der Begriff „Rivalin"
meint das Gleiche, ist aber negativ konnotiert.
Hier ist eher die Nähe zum Hass und der
Verachtung gegeben. Doch die Begriffe sind
austauschbar, weil sie das Gleiche meinen. Beide
beziehen sich darauf, dass eine Frau versucht,
erfolgreicher als der andere Mensch zu sein.
So sprechen wir auch, wenn es um die Besetzung
von Stellen geht, eher von dem harmloseren
Wort „Mitwettbewerberinnen" als von
„Rivalinnen" oder „Konkurrentinnen".
Auf den Wettbewerb reagieren Frauen in zwei
nützlichen Varianten.
Die eine Möglichkeit ist die Teilnahme am
Wettbewerb, die Andere die Ablehnung. Denken

wir an die horizontalen Kinderspiele der
Mädchen in der Kindheit, wissen wir, dass
Frauen die Regeln kennen und verinnerlicht
haben und oft auch in Einstellungsgesprächen
ehrgeizig Männer übertrumpfen.
Wenn wir unsere Wahrnehmung schärfen, kann
es helfen zu definieren, was man eben NICHT ist.
Was uns anderen auffällt und uns auch
manchmal wütend werden lässt, das
veranschaulicht uns, wofür wir stehen. Dann
können Sie als Frau positiv dafür eintreten, was
Sie ausmacht und einzigartig macht und
unentbehrlich für diese Stelle.

10 Gespräche und Emotion

Wenn wir Gespräche führen wollen, sollten wir versuchen sie ohne große Emotionen zu führen. Wir Frauen laufen sonst Gefahr, dass wir gar nicht gehört oder ernstgenommen werden, denn unsere Stimmlage könnte dabei zu hoch oder unpassend sein, ebenso wie die Lautstärke. Allerdings heißt das nicht, dass wir nicht eine besondere Begeisterung für ein Thema verbergen sollten, denn natürlich ist es vorteilhaft, wenn man ein Projekt nicht nur gut strukturiert, sondern auch mit Engagement vorträgt.
Bei den Gesprächen muss man natürlich zwischen den Gesprächsarten unterscheiden. Geht es um ein Situations-, Teilhabe-, Jahres-, Mitarbeiter-, Konflikt-, Beratungs-, Beurteilungs-, Präventions-, BEM- o.a. Gespräche.
Sicher lässt sich diese Liste noch ergänzen. Doch allein bei dieser Auflistung sieht man schon, wie viele verschiedene Gesprächstypen es gibt. Und man erkennt, welche verschiedenen Schwerpunkte sie haben. Hierbei zeigen sich unterschiedliche Zielsetzungen. So gibt es Gespräche, die an Protokollvorlagen gebunden sind, so dass der Leitfaden für die Gespräche bereits verbal vorgezeichnet ist. Dennoch kann ich nur dazu raten sich auch auf diese Gespräche gezielt vorzubereiten. Denn Struktur in unserer Gesprächsführung ist sicher gewinnbringend und zeitökonomisch.

Das Wichtigste ist, dass Sie sich vorher überlegen, was soll am Ende des Gesprächs dabei rauskommen.

Das ist ihr Ziel!

Formulieren Sie es ruhig auf einem Stück Papier. Denn das Schreiben kann Ihren Denkprozess widerspiegeln. Dann überlegen Sie sich den Anfang des Gesprächs.

Oft ist es von Vorteil mit einem sogenannten Eisbrecher zu beginnen. So vielfältig die Gespräche sind, so unterschiedlich sind auch manchmal die Anlässe oder inneren Beweggründe für Gespräche. Mit einem Gesprächsöffner kann eine anfängliche Unsicherheit des Gesprächs erstmal genommen werden. Hier befinden wir uns im Smalltalk – Bereich.

Bitte starten Sie niemals mit „Was soll ich sagen?" Das wirkt auf andere, als seien Sie überfordert. Und die anderen Gesprächsteilnehmer wissen gar nicht, wie sie Ihnen in der Situation helfen könnten.

Zum Beispiel: „Möchten Sie auch etwas trinken?" offenbart eine Aufmerksamkeit meiner Gesprächspartnerin gegenüber und zeigt gleichzeitig gute Manieren.

Es kann auch einen Bezug zum Beispiel zur Wetterlage haben, dass man darauf hinweist, dass das Fenster gleich geschlossen werden muss, weil es zu kalt wird.

Ein anderer Gesprächsöffner ist: „Schön, dass wir mal die Gelegenheit haben, persönlich miteinander zu sprechen."
Auch in diesem Fall bewegen wir uns auf der vertikalen Ebene, die eine vertrauensvolle Gesprächsbeziehung schafft.
Problematisch ist die Frage, ob man gut zu dem Gespräch mit dem Auto hingekommen ist. Denn es beinhaltet die Frage nach der Wohnortnähe zum Arbeitsplatz und die Antwort darauf darf zum Beispiel nicht für ein Einstellungsgespräch relevant sein.
Wir befinden uns dabei am Anfang eines Gesprächs, dass erstmal eine vertrauensvolle Basis zwischen den Gesprächspartnern schaffen soll.
Wenn Sie sich überlegt haben, wie Sie das Gespräch eröffnen möchten und das Gesprächsziel feststeht, sollten Sie sich überlegen, wie Sie zu diesem Ziel gelangen. Ordnen Sie ihre Argumente und bedenken Sie dabei, dass das wichtigste Argument am Ende des Gesprächs erfolgen sollte. Denn das, was am Gesprächsende zuletzt genannt wurde, bleibt bekanntlich beim Gegenüber haften.
Dabei sollten Sie darauf achten, dass ihre Argumente nicht thesenhaft bleiben. Versuchen Sie ihre Worte zu begründen. Das können Expertenmeinungen, Statistiken, Zeitungsartikel oder eigene Erfahrungen sein. Bedenken Sie dabei, dass eigene Erfahrung in der Reihe der Belege am wenigsten Aussagekraft haben. Je

nach Thema könnte es von Vorteil sein, wenn Sie
ihrer Gesprächsteilnehmerin eine Skizze
mitbringen oder in dem Gespräch zur
Veranschaulichung selbst eine Übersicht über
das Problemfeld, das es zu besprechen gilt, zum
Beispiel in einer Mindmap skizzieren.
Denn der Großteil von uns Menschen sind
visuelle Lerner. Haben Sie eine Reihenfolge in
ihren Argumenten aufbauen können, überprüfen
Sie noch einmal, ob auch alle Argumente zum
festgesetzten Ziel führen. Dann sollten Sie sich in
ihren Gesprächspartner versuchen
hineinzudenken. Überlegen Sie, wie dieser sich
fühlt und was ihn bei jedem Argument durch den
Kopf gehen könnte. Denn die Arbeitgebersicht ist
immer eine andere als die
Arbeitnehmerperspektive.
Zu jedem Argument sollten Sie sich dann
notieren, was der andere zu ihren Worten sagen
oder einwenden könnte.
Auch auf bestimmte Wörter, die eventuell das
Gesprächsklima unnötig anheizen könnten, sollte
man verzichten.
Das sind oft kleine Wörter wie zum Beispiel „nur"
oder „ich kann nichts tun" „man müsste mal"
„geht gar nicht" oder ähnliche Wörter.
Verwendet man diese Wörter dennoch, dann
müssen sie auch ihre Berechtigung im Gespräch
haben und zum Beispiel der inneren Abgrenzung
von inhaltlichen Bereichen oder Personen
dienen.

Ansonsten gilt für die Vorbereitung des Gesprächs sich die möglichen Einwände beziehungsweise Gegenargumente bewusst zu machen. Dann kann man sich schon einmal gut vorbereitet fühlen.

Wenn man bedenkt, dass wir überwiegend in Missverständnissen kommunizieren, sollten wir uns folglich schon vorab überlegen, was missverständlich verstanden werden könnte. Das heißt nun nicht, dass ich die Sätze in einem Gespräch aus lauter Angst missverstanden zu werden, am besten von meinem Manuskript oder meinem Tablet ablese. Dann würde ich meinem Gegenüber die Gelegenheit nehmen, mir bei dem Gespräch in die Augen schauen zu können. Und wie wichtig der Augenkontakt zwischen zwei Gesprächspartnern ist, müsste jeder wissen. Dennoch erlebe ich es immer wieder in Gesprächen, dass die Gesprächspartner überall hingucken, nur nicht in die Augen des Gegenübers.

Wer Schwierigkeiten damit hat, weil man sich vielleicht zu sehr auf den vorzutragenden Inhalt konzentriert, der sollte das Gespräch vorher üben.

Achten Sie zur Übung bei Ihren Gesprächspartnern *innen beiläufig mal auf die Augenfarbe. Wenn Sie nach dem Gespräch nicht wissen, welche Augenfarbe ihr Gesprächspartner hatte, dann haben Sie ihm gar nicht richtig in die Augen geschaut und offenbar auch nicht richtig zugehört.

11. Gesprächsangriffe

Immer wieder passieren Angriffe auf die eigene
Gesprächsführung, selbst wenn man versucht
hat, das Gespräch optimal vorzubereiten und das
Gesprächsziel in scheinbarer Nähe liegt.
Doch denken wir an den Fall der Eiskunstläuferin
Nancy Kerrigan zurück. Sie wurde 1994 das Opfer
ihrer Konkurrentin Tonya Harding. Jeder Sprung
und jede Bewegung sahen so leicht aus, wie man
es von einer Eiskunstläuferin, die bei Olympia
siegen will, erwartet. Ihr Ziel ist Gold bei den
Winterspielen in Lillehammer. Doch S. Stant und
D. Smith warten auf sie mit einem Fluchtwagen
und einem Schlagstock in der Hand. Als die
Eiskunstläuferin Nancy nach einem
hervorragenden Tanz auf dem Eis, das Eis
verlässt und sich ihre roten Schoner wie gewohnt
über die Schlittschuhkufen zieht, möchte sie zu
ihrer Kabine gehen. S. Stant folgt ihr. Sie hat
keine Augen dafür. Er schlägt ihr mit voller
Wucht vors Knie. Der Grund, waren 6500 Dollar.
Der Plan stammte von ihrem Ehemann und der
Konkurrentin Tonya Harding.
Die Bilder gingen um die Welt und sind auch
heute noch in Videos zu sehen. Die Karriere der
beiden Eisläuferinnen war damit beendet. Der
Neid auf den Erfolg der anderen hatte zu dieser
Zerstörung geführt. Damals wurde im Sport das
ungeschriebene Gesetz der Fairness im Umgang
miteinander gebrochen.

Inzwischen ist der Sport im Leistungsbereich härter geworden. Drogen zur Leistungssteigerung werden den Athleten meist angeblich ohne ihr Wissen verabreicht und Rempeleien bei Wettkämpfen wie zum Beispiel dem Fahrradsport oder bei Open Water Schwimmwettkämpfen sind heutzutage anscheinend normal geworden.
Intrigen, die zu Machtverlusten, Ausgrenzung und Verletzungen führen, werden durch Shows, Serien und Spielfilme zur Normalität. Alle diese Mechanismen zeigen Mobbingstrukturen.
Das ist der Kill-Talk auf bedauerlicher Weise höchste Ebene.
Doch schauen wir uns Gespräche an, dann beginnen sie in kleinen Attacken.
Ich selbst erinnere mich an eine Situation bei einer Besprechung unter Frauen als Ansprechpartnerin für Gleichstellungsfragen. Ich wollte das Amt, das ich mehrere Jahre gern ausgeübt hatte, in verantwortungsvolle Hände abgeben. Da sich die Frauen aus dem Kollegium weiterhin gut vertreten fühlen sollten, hatte ich nur die Damen zur Abstimmung eingeladen. Die Kollegen hatten mit gespieltem Murren das Meeting verlassen. Sie lächelten oder zwinkerten mir zu, das mir signalisierte, „meinen wir nicht ernst, wir sind nicht böse, von Dir rausgeschickt zu werden, denn so haben wir mal eine Pause".
Ich erklärte dem Gremium meine Gründe und wollte gerade den Aufgabenbereich des Amtes

vorstellen, als die Kollegin neben mir für mich
laut vernehmlich äußerte.

„Jetzt mach schon! Spielst dich doch hier nur auf,
blöde Kuh!“

Da war er, der Angriff, von meinesgleichen! Ich
hatte doch jahrelang ehrenamtlich die Interessen
der Kolleginnen gut vertreten, wie konnte es zu
so einer abwertenden Aussage kommen?

Oft waren die Rückmeldungen der anderen
Teilnehmerinnen zuvor oft an anderer Stelle
voller Dankbarkeit und Anerkennung gewesen,
wenn es zum Beispiel um die Optimierung ihrer
Stundenpläne oder die Berücksichtigung ihrer
Teilzeitanträge ging.

Sie hatte mich mit ihren blauen Augen nur kurz
angeschaut, um zu überprüfen, ob ihre Nachricht
mich erreicht hatte. Dann schaute sie wieder auf
ihre Unterlagen, als sei nichts gewesen.

Ich hatte einmal tief Luft geholt und ihr leise,
aber für sie gut vernehmlich zugezischt.

„Du kannst gern den Job jetzt übernehmen, du
dumme Schnepfe!“

Ich schaute in die Runde. Ich war sicher, dass alle
ca. 30 Teilnehmerinnen das mitbekommen
hatten, aber keine gab mir durch irgendeine
Regung zu verstehen, dass es so gewesen ist.

Alle schauten mich nur erwartungsvoll an, damit
mein Vortrag nun weitergehen konnte. Auch
danach verlor niemand ein Wort darüber. Die
betreffende Kollegin grüßte mich fortan nicht
mehr, wenn wir uns sahen. Doch es stört mich
bis heute nicht. Wir hatten uns auf der

Lowspeach-Ebene mit „blöde Kuh" und „Schnepfe" kurz verbal auf gleicher Ebene ausgetauscht und die Fronten geklärt. Da wir beruflich keine Schnittmengen hatten, war es nicht wichtig, gut oder schlecht miteinander auszukommen. Doch natürlich ging es mir wie vielen Frauen. I

Ich überlegte, warum sie mich persönlich so angegangen war? Auch die verschiedenen Variationen meiner möglichen Antworten ging ich im Nachhinein noch einmal durch, natürlich, ohne zu einer Lösung zu kommen. Ihr Beweggrund? ich tippte auf Neid. Der Neid hatte sie dazu getrieben mich zu attackieren, weil sie die Aufgabe gern übernommen hätte. Diese Tätigkeit im öffentlichen Dienst ist nicht nur eine Tätigkeit, die wichtig ist, weil Frauen in höher besoldeten Positionen noch unterrepräsentiert sind, sondern auch, weil sie sich im Lebenslauf bei Bewerbungen gut macht.

Doch den Mut hatte diese Kollegin damals nicht, sich für dieses Amt zu melden. Den Job hatte erst eine andere Kollegin vorübergehend übernommen, bis sie ihn dann doch ein paar Jahre später selbst übernommen hatte.

Doch anstatt zusammen zu arbeiten und daraus Synergieeffekte zu erzielen, wusste sie wahrscheinlich in dem Moment gar nicht, was sie da gesagt hatte, und ich hatte auf ihrer Sprachebene gekontert, um meine Ruhe zu haben.

Danach war dann der Kill-speach erfolgt, weil wir beide nicht eingelenkt oder uns entschuldigt haben.

Während eines Vortrages gibt es allerdings auch immer wieder andere Störungsversuche. Auch wenn sie überwiegend nicht absichtlich sind.

Wenn es immer wieder die gleichen Mitarbeiterinnen und Kolleginnen sind, wird das schnell persönlich genommen.

Beispiele dafür sind:

- Einfach aufstehen und das Fenster öffnen
- Lautes in der Tasche kramen
- Unter dem Tisch ständig auf dem Handy tippen
- Mit der Sitznachbarin tuscheln
- Aufstehen und rausgehen

Das alles sind bekanntlich Verhaltensweisen, die wir alle aus Besprechungen kennen.

Wenn es Sie als Vortragende stört, sprechen Sie es an.

Zum Beispiel, indem Sie eine Ich-Botschaft mit den folgenden Worten senden:

„Das laute Rascheln, wenn Sie in Ihrer Tasche gerade etwas suchen, stört mich, wenn Sie können, dann verschieben Sie das bitte auf die Zeit nach meinem Vortrag."

In diesem Fall machen Sie höflich darauf aufmerksam, dass Sie gestört werden und Verständnis dafür zeigen, dass die Teilnehmerin den Zeitpunkt ihrer Taschendurchforstung falsch eingeschätzt hat. So ist es für beide Beteiligten kein Problem, die Aktion auf die Zeit nach der Besprechung zu verschieben.

oder

„Sollten Sie ein Taschentuch in Ihrer Tasche suchen, dann bitte nehmen Sie eins aus meinem Paket hier.“

Damit signalisieren Sie, dass Ihnen das Verhalten der Teilnehmerin aufgefallen ist und Sie das abstellen möchten, indem Sie ihr ein Taschentuch anbieten. Ob Sie eventuell sogar nach etwas Anderem gesucht haben, ist dabei völlig egal. Sie zeigen damit, dass Sie das Gespräch steuern und sogar aufgrund Ihrer Fürsorge bereit sind, ihr zu helfen.

Als Lehrerin können Sie auch sicher sein, dass Ihre Kolleginnen Sie verstehen, wenn Sie sagen:

„Sie können gleich nach dem Geraschel gern meinen Vortrag schriftlich zusammenfassen, wenn Sie möchten.“

Auch wenn es stichelig erscheint, Lehrerinnen wissen, was gemeint ist. Denn in dem Moment

haben sie sich ja wie Schülerinnen in einer
Unterrichtsstunde verhalten. Sie wird die
Störung unterlassen und Ihnen nicht böse sein.
Beide kennen das Gesprächsmuster aus
Unterrichtsstunden und als Lehrerinnen sind sie
sich ebenbürtig.

12 Entschuldigung

Das Wort scheint „out" zu sein, denn man hört
es immer weniger. Da erfährt eine Kollegin Frau
Q von ihrer Kollegin, dass Frau Q trotz ihrer
formal richtigen Anmeldung nicht auf einer
Teilnehmerliste steht. Frau Q bemerkt den Fehler
zwar rechtzeitig vor dem Meeting und schreibt
die Projektleiterin eine halbe Stunde vor Beginn
des Treffens an. Frau Q sieht das als einzige
Möglichkeit, weil sie die Leiterin telefonisch nicht
erreichen kann.
Doch die Leiterin reagiert nicht und das Treffen
findet ohne Frau Q statt. Erst nach dem Meeting
sieht die Leiterin, dass sie offenbar einen Fehler
gemacht hat und auch die E-Mail der
Teilnehmerin und den versuchten Anruf nicht
rechtzeitig wahrgenommen hatte.
Frau Q ist völlig durcheinander. Sie hat nun das
Gefühl eine wichtige Besprechung verpasst zu
haben und fühlt sich ausgeschlossen. Wie Frauen
das so häufig machen, überlegt auch sie, ob sie
zuvor etwas falsch gemacht haben könnte. Sie
sucht die Anmeldung raus und schaut, ob sie
auch das Datum und andere Daten richtig
eingetragen hatte.
Dann überlegt Frau Q, warum sie nicht dabei sein
sollte. Hatte sie irgendwann einmal die
Projektleiterin verärgert? Hatte diese einen
Grund dafür, sie bei dem Meeting einfach außen
vor zu lassen? Frau Q überlegt, aber sie ist sich
keiner Schuld bewusst.

Sie kann jetzt so tun, als sei nichts gewesen und
einfach so weiter machen wie bisher. Sicher kann
sie sich die Informationen des Meetings von
jemandem anders besorgen.
Frau Q überlegt es sich anders und bittet um
einen Gesprächstermin bei ihrer Projektleiterin.
Bei diesem Termin fragt sie im high-speach,
warum sie nicht bei dem Meeting dabei war.

Die Projektleiterin antwortet ihr, auf gleicher
Ebene, dass die Anmeldung von ihr, Frau Q, gar
nicht eingegangen sei. Der Zettel muss auf einem
der Schreibtische irgendwo liegen geblieben
sein.

Frau Q hört sich das in Ruhe an und hakt nach.
Indem sie nun betont, dass sie ja vor dem
Meeting noch versucht habe, sie als
Projektleiterin rechtzeitig zu erreichen, so dass
sie gehofft habe, noch dazu kommen zu können.

Die Projektleiterin erklärt ihr mit vielen Worten,
dass sie noch so viele Vorbereitungen für die
Besprechung habe treffen müssen, dass sie keine
Zeit gehabt hätte, noch vorher nach ihren E-
Mails oder Anrufen zu schauen.

Frau Q. fühlt sich jetzt auch noch schlecht, weil
sie die vorgeblich gestresste Projektleiterin auch
noch vor dem Meeting mit ihrer E-Mail und
einem Anrufversuch stören wollte.

Sie überlegt und macht das einzig Richtige,
indem Sie jetzt nicht aufrechnet, was alles schon
in letzter Zeit schiefgelaufen ist oder sich gefühlt
vielleicht gegen sie gerichtet hat.

„Dann möchte ich gern das von ihnen
genehmigte Protokoll der Sitzung auch
bekommen, wenn es fertig gestellt ist, damit ich
mich nachträglich informieren kann. Und ich
möchte gern mit Ihnen darüber sprechen, wie
wir vermeiden können, dass so etwas noch
einmal passiert. Denn das kann ja immer mal
vorkommen.“

Damit hat Frau Q ihrer Projektleiterin
zugestanden, dass ihr ein Fehler im Ablauf
passiert ist, ohne dass hier eine Schuldzuweisung
stattgefunden hat. Zudem hat sie den Vorgang
runtergespielt, indem sie ihn auf die Möglichkeit
gestellt hat, dass es jedem passieren kann.

Frau Q hat die Situation gerettet und ihre
Projektleiterin mit der Frage nach der
Vermeidung solcher Fehler für die Zukunft in die
Pflicht genommen.
Das Wort „Fehler“ hat offenbar in den letzten
Jahren so eine Signalwirkung bekommen, dass
man es ebenso wenig hört oder liest wie das
Wort „Entschuldigung“.

Zum einen kann das an den Positivbewertungen
in den Schulen der letzten Jahre liegen. Oder

auch an den positiven Formulierungen, die in Beurteilungen in Behörden oder Firmen formuliert werden müssen. Doch sicher liegt es auch an Kommunikationstrainern, die behaupten, dass diese Wörter von vertikal sprechenden als Schwäche in der Person ausgelegt werden, wenn sie solche Wörter wie „Fehler", „Entschuldigung" oder „Darf ich…" gebrauchen.

In dem oben aufgeführten Beispiel gibt die Projektleiterin nicht einmal ihren Fehler zu. Stattdessen schiebt sie den diesen auf andere, indem sie die Tatsache verwischt, dass ein Zettel für dieses Meeting auf irgendeinem Schreibtisch verloren gegangen ist. Da im digitalen Zeitalter die Existenz eines solchen Zettels an sich zweifelhaft ist, wirkt ihre Aussage insgesamt sehr fragwürdig. Denn Einladungen zu Meetings und ihre Antworten darauf laufen heutzutage üblicherweise per E-Mail ab. Wenn es doch einen Zettel gegeben haben muss, handelt es sich wahrscheinlich um eine Notiz dieser Projektleiterin und dann wäre es auch ihre Schuld, wenn sie den verlegt hat und nicht die von anderen. An diesem Beispiel wird die tagtäglich geglaubte Unfehlbarkeit von vertikal sprechenden und handelnden Menschen deutlich.

Selbst als Frau Q nachhakt, weicht die Projektleiterin aus, indem sie sich aus der Situation herausredet, vorher noch so viel zu tun gehabt zu haben.

Frau Q, die bis jetzt horizontal gesprochen hat, weil sie sich mit der Projektleiterin gut verstehen möchte, fühlt sich in ihre Gesprächsteilnehmerin ein.

Sie sieht sie förmlich vor sich, wie sie ihre Unterlagen noch einmal durchgeht und die wichtigen Stellen im Text noch einmal farblich markiert und gar keine Zeit hat, zu überprüfen, ob alle für das Meeting notwendigen Personen, die Einladung überhaupt bekommen haben. Vor ihrem geistigen Auge läuft sogar ab, wie das Handy der Leiterin brummt, aber weil diese nicht gestört werden will, das Handy sogar ausschaltet.

Frau Q. fühlt sich als emphatisch fühlender Mensch nun schlecht, denn anstatt ihr zu helfen, hat sie ihrer Vorgesetzten noch mehr Stress als ohnehin schon da ist, verursacht.

Doch sie überlegt, und ihr fällt auf, dass sie so nicht zu ihrem Gesprächsziel kommt. Da erfahrungsgemäß nichts und schon gar nichts Gutes dabei herauskommt, wenn sie nun alles aufrechnet, was ihr schon einmal quergekommen ist oder als empfundene Ungerechtigkeit widerfahren war.

Also macht sie das einzig Richtige in dieser Situation: Sie stellt sich geistig neben das Gespräch.

Frau Q. stellt sich vor, wie sie wie ein Gespenst neben sich und der Leiterin steht und beobachtet die Situation. Das Meeting war ohne sie gelaufen. Sie spürt die angespannte

Atmosphäre im Raum. Die Vorgesetzte wird Frau Q. gegenüber niemals einen Fehler eingestehen. Selbst wenn sie die Leiterin darauf ansprechen würde, würde sie dies abstreiten und sie mit an Sicherheit grenzender Wahrscheinlichkeit verärgern. Das Gespräch könnte eskalieren. Sie würde als Untergebene als Verliererin aus dem Gespräch gehen.

Sie startet dann den Angriff nach vorn, indem Sie die Chefin um das Protokoll bittet. Zudem würdigt sie den Status ihrer Gesprächspartnerin als Chefin, wenn sie darauf hinweist, dass dieses Protokoll erst von ihr genehmigt werden muss. Weiterhin zeigt sie sich als fleißige Arbeiterbiene, die den Inhalt des Protokolls nacharbeiten möchte. Damit signalisiert sie ihr Engagement für diese Arbeit. Zumal wir alle wissen, dass die meisten Protokolle nur pro forma geschrieben werden und ganz wenige Pedanten dann diese Schriftstücke überhaupt lesen und anschließend beanstanden.

Anschließend umschreibt sie das Wort „Fehler", obwohl beide wissen, was gemeint ist, wenn sie davon spricht, dass ein Fehler immer wieder vorkommen kann. Die Formulierung ist allgemein in unserer Gesellschaft so konnotiert, dass jeder weiß, was damit gemeint ist. Denn irren ist bekanntlich menschlich.

Doch gerade das ist der Punkt, der eindeutig zeigt, dass Frau Q ihrer Vorgesetzten nicht glaubt. Wir kennen alle solche Gespräche, sei es,

dass es Verkaufsgespräche in Geschäften oder Beratungsgespräche bei Versicherungsagenten sind. Man fragt nach und merkt, die andere hat gar keine Ahnung, gesteht aber keinen Fehler zu und versucht sich herauszureden. Kommunikationstrainer wie zum Beispiel Peter Modler[17] oder andere warnen davor. Er geht sogar so weit, dass er einen Spickzettel für Frauen entworfen hat, mit dem sie in Gesprächen ihre vertikale Sprache in horizontale Sprache verwandeln können, um nicht als unsicher oder sogar unterwürfig bei ihren Gesprächspartnern zu erscheinen. Dem Spickzettel entsprechend bewährt sich in Gesprächen offenbar nur eine sachbezogene Aggression beziehungsweise die Chefin raushängen zu lassen. Dann sei die mögliche Wirkung auf die Sprache horizontaler Führungskräfte, Anerkennung und Loyalität auf vertikaler Ebene abgestimmt.
Sicher mag das in einzelnen Fällen funktionieren. Aber einen Übersetzungsmodus von horizontaler in vertikale Sprache in Form eines grob umschriebenen Spickzettels für Gespräche zu entwerfen, halte ich für absolut unsinnig.

Zum einen gibt es immer Hierarchien oder zumindest verschiedene Aufgabenbereiche in einem Betrieb oder einer Behörde. Zum anderen war Frau Q, obwohl sie dienstrechtlich untergeben war, die Überlegene in dem Gespräch, denn sie hat das Gespräch gesteuert und erkannt, dass ihre Vorgesetzte sich nur herausreden wollte.

Sie war auch noch so souverän, dass sie ihrer Chefin den Fehler nicht vorgehalten hat und macht ihr das Angebot ihr dabei zu helfen, dass so ein Fehler nicht wieder passiert. Was ja durch eine kurze Bestätigungs-E-Mail der Teilnehmerinnen überhaupt kein Problem darstellt. Es ist also nur ein kleines organisatorisches Problem.

Doch was wäre denn nun passiert, wenn die Chefin einfach gesagt hätte.

„Entschuldigen Sie, da ist mir ein Fehler unterlaufen.“

Nichts!!! Sie hätte sogar auf eine menschliche Eigenschaft hingewiesen, die wir alle kennen. Warum sollte man sich denn gerade seinen Mitarbeiterinnen gegenüber unmenschlich zeigen?

Wenn ich Loyalität und Arbeitseifer in einer Gruppe fördern möchte, dann muss ich vertrauensbasierte Gespräche führen. Einer unmenschlich erscheinenden Chefin vertraut man nicht und man ist dann auch nicht bereit harte Arbeit für sie zu leisten. Denn jedes Lob oder eine andere Anerkennung für diese Arbeit erscheint dann unehrlich.

Auf eine Vertuschung von Fehlern, braucht der Arbeitnehmer ebenso nur zu reagieren. Dann tut man nur das Notwendigste oder macht in der

Behörde nur Dienst nach Vorschrift. Man gibt vor unmäßig viel zu leisten, obwohl man ständig Flurgespräche, überlange Telefonate oder andere private Konversation im Betrieb leistet.

Muss das sein?
Wörter, die doch so alt hergebracht sind und ihren Platz in einem höflichen und respektvollen Umgang ursprünglich miteinander haben, sollte man benutzen dürfen.
Etymologisch bezeichnet das Wort Schuld eine Verpflichtung zu einer Leistung oder Geldzahlung, die aus einem Darlehen erwächst. Später im Althochdeutschen nimmt das Wort Schuld unter kirchlichem Einfluss die Bedeutung Verpflichtung zur Buße für eine begangene Missetat oder ein Vergehen an.[18]
In diesem Sinne hat das Wort nicht nur im kirchlichen Bereich, sondern auch im juristischen Sprachkontext eine besondere Bedeutung.
Entschuldigt sich ein Täter, dann zeigt er Einsicht und Chancen darauf, eine Strafmilderung zu erfahren.
Im gesellschaftlichen Kanon erwarten wir eine Entschuldigung, wenn jemand eine Verletzung der gesellschaftlichen Norm oder auch jemanden körperlich verletzt. Es steht, wie die Entstehung und Entwicklung des Wortes zeigt eine Verpflichtung dahinter, sich zu entschuldigen.
Das ist davon unabhängig, ob jemand das vorsätzlich oder fahrlässig getan hat.

Warum sollte man sich nicht entschuldigen, wenn es doch von Vorteil sein kann, das zu tun?

Zumal gerade eine Entschuldigung in einer Situation, in der man sich im Recht glaubt, wahre und innere Größe zeigt. So sind es nicht vertikal sprechende Menschen, die wir nachahmen sollten, indem wir uns nicht entschuldigen, sondern horizontal sprechende und denkende Menschen, die Vertikalen etwas in dieser Hinsicht beibringen können.
Eine Entschuldigung hilft Wogen zu glätten und eine neue Gesprächsbasis zu schaffen. Man zeigt mit ihr die Fähigkeit zur Empathie und Verantwortung zu übernehmen.

Vertikal denkende und sprechende Menschen haben damit oft Schwierigkeiten, sich zu entschuldigen, weil eine Entschuldigung oder ein „tut mir leid", sofern es ernst gemeint ist, einem Schuldeingeständnis gleichkommt. Man hat selbst Angst davor verletzt und bloßgestellt zu werden.
„Aha,....Sie geben es also zu, dass Sie einen Fehler gemacht haben."

Mal davon abgesehen, dass das wahrscheinlich niemand der anderen Gesprächsteilnehmerinnen das sagen würde, wäre es auch nicht schlimm, oder?

Wird über den Fehler gar nicht gesprochen,
denkt auch eine Frau Q spätestens nach dem
Gespräch, dass ihre Projektleiterin einen Fehler
gemacht hat und es nicht zugibt. Am Abend wird
sie das dann sicherlich auch so als Bestätigung
für sich ihrem Lebenspartner *in erzählen.
Denn die Entschuldigung fehlte ja am Ende des
Gesprächs. Und sie versucht im Nachgang die
Welt für sich gerade zu rücken.

Eine Entschuldigung tut doch gut. Probieren Sie
es aus. In den wenigsten Fällen wird eine
Entschuldigung nicht angenommen.
Das heißt nun nicht, dass man jeden Satz mit
„Entschuldigung" oder dergleichen beginnen
muss, denn dann liegt der Gedanke nahe, dass
sich jemand deswegen entschuldigt, weil er oder
sie überhaupt auf der Welt ist. Es kann nicht
darum gehen, eine Unterwürfigkeit zu
signalisieren.
Die Eigenschaft des Wortes liegt in der
maßvollen, richtigen, ehrlichen und
angemessenen Verwendung. Vielleicht hätte
auch mancher Politiker das Wort öfter bis jetzt
verwenden sollen. Dann wäre das mangelnde
Vertrauen in ihren Besprechungen nicht so
gegeben.
Sogar die Bundeskanzlerin Angela Merkel hat
sich am Ende ihrer sechzehnjährigen Amtszeit
dafür entschuldigt, dass sie den angekündigten
Lockdown über Ostern 2021 zurücknehmen
musste, weil sie ihn nicht richtig vorbereitet

hatte. Der Regierung mangelte es durch die Uneinigkeiten der Regelungen bei den unterschiedlichen Ministerpräsidenten an Vertrauen in der Bevölkerung.
Sie tat an der Stelle genau das Richtige. Sie entschuldigte sich ehrlich und überzeugend bei der Bevölkerung.
Wir müssen wieder eine Kultur der Entschuldigung leben, damit wir vertrauensvolle Begegnungen mit anderen Menschen haben können.
Wenn das eine Kind dem anderen vor das Schienbein tritt, dann kann es nicht darum gehen, dass wir sagen, das Kind kann sich später mal im Berufsleben durchsetzen und wird ein CEO bei einem Global Player.
Nein, wir sind mit verantwortlich und müssen den Kindern genau das vorleben, dass man sich zu entschuldigen hat und ihnen das Wort und diese innere Verpflichtung als respektvolle Haltung anderen Menschen gegenüber beibringen.

13 Wie positionieren wir uns gegenüber unseren Feindinnen?

Manchmal zeigt das Gefühl, das wir als Konkurrenz empfinden, welche Eigenschaften wir an uns nicht leiden können.
Diese Eigenheiten werden nämlich in der Antagonistin gespiegelt. Und so sind uns unsere Feindinnen manchmal näher als unsere Freundinnen.
Auch wenn Sie sich das nicht gern eingestehen wollen. Wer eine klar definierte Konkurrentin oder sogar Feindin hat, der zeichnet demnach ein klares Bild von sich selbst. Und mit dieser Sichtweise sieht man, dass Beides seine Berechtigung hat.
Was wären High Heels, wenn es den Ballerina Schuh nicht gäbe? Was wäre eine überwiegend sachlich sprechende Frau, wenn nicht die vorwiegend emotionsgesteuerte Frau existieren würde?
Erst im Kontrast zu sich selbst, sieht man oft das andere, was einem fehlt.
Insofern kann man von der Konkurrentin profitieren. Wenn sich zum Beispiel eine Frau B. an mich wendet und mir verbittert mitteilt, dass ihre Kollegin Frau Z. oft so kühl und sachlich erscheint und sie das Gefühl hat, dass sie nicht gemocht wird, dann heißt das wohlmöglich, dass es Frau Z. an genau dieser Wesensart fehlt. Auf die Frage, warum sie sich denn nicht auch mal so

zeige, antwortet sie nur. Nein, so sei sie ja nicht, und im Grunde fände sie das ja auch doof, wie diese Frau sich geben würde. Die sei ja wie ein Mann.
In dem Moment hatte sie aber genau das ausgesprochen, was sie eigentlich gern wäre. Ein Mann, der strukturiert, vermutlich auch sachlich und kühl mit anderen Menschen spricht und sich damit auf der vertikalen Sprachebene befindet.

Doch man muss sich als Frau nicht wünschen ein Mann zu sein. Sondern nur das, was man sagen möchte, im Kopf vorher gut überlegen. Sicher kann man auch versucht sein, intuitiv zu antworten. Doch man sollte sich darüber klar sein, dass man dafür auch eine gewisse Schlagfertigkeit braucht, um in den nachfolgenden Gesprächen weiter bestehen zu können. Im Berufsleben spielt man jedoch oft eine Rolle, so wie man auch eine andere Rolle spielt, wenn man Mutter ist oder Ehefrau.

Natürlich bleibt die Frau immer noch sie selbst, doch ist sie sich ihrer jeweiligen Rolle bewusst. Sie ist auch meist in ihrer Sprache klar positioniert.
Weil Frauen häufig viel mehr Rollen an einem Tag übernehmen und tragen müssen als Männer, haben sie gegenüber Männern oft einen Vorteil.

Doch manchmal kann es passieren, dass die Rollen verwischen. Wenn eine Lehrerin zugleich

Klassenlehrerin, und gleichzeitig Mutter von etwa mehreren Kindern zu Haus ist, kann es passieren, dass sie die Probleme, die sie mit ihren eigenen Kindern manchmal zu Hause hat, auf die Kinder in der Schule überträgt.

Das passiert in vielen Fällen. Ebenso können die Probleme, die eine Frau mit der besten Freundin hat, auf eine andere Kollegin projiziert werden. Es passiert, doch wird man dann unprofessionell, weil man sich nicht nur in der Rolle vertut, sondern sich dann auch manchmal in der Stimmlage oder sogar den Worten vergreift. Merkt man, dass man eine Frau als Feindin ansieht. Sollte man sich der Herausforderung stellen. Denn man kann viel von ihr lernen. Ist es das Outfit, dass einem den letzten Nerv tötet, weil es zu auffällig, zu bunt oder zu viel wirkt. Sollten Sie sich überlegen, ob ihnen ein bisschen davon nicht auch guttun würde.

So zeigte sich die Ministerin Dorothee Bär sogar am 10.04.2019 bei der Vergabe des Computerspielpreises im Admiralspalast im roten Latexkostüm und zog nicht nur viele Blicke auf sich, sondern setzte eine Diskussion über passende Kleidungsnormen in den Netzwerken in Gang.[19] Dabei war ihr Aussehen den Cosplay Figuren nachempfunden und passte thematisch zu der Veranstaltung.

Dass sich auch im Bundestag etwas tut und die jungen Frauen hinsichtlich ihrer Kleidung und ihres Auftretens sicherer fühlen, zeigt auch Brigitte Zypries, die gegenüber der Illustrierten

„Bunte" sich äußerte, froh zu sein, nicht mehr Ministerin zu sein.[20]

Wenn man das liest, dann beschleicht einen doch unwillkürlich das Gefühl, dass sie sich die ganze berufliche Zeit über nicht wohl gefühlt haben kann.

Offenbar hat sie eine Rolle gespielt, mit der sie sich gar nicht identifiziert hat. Erstaunlich finde ich dabei, wie weit Menschen es sogar damit bringen, eine Rolle so glaubhaft zu spielen, obwohl man diese gar nicht so ausfüllen möchte.

In diesem Fall war es vielleicht auch gar nicht ganz so. Doch grundsätzlich sollte man sich mit seinen Rollen, die man spielt, identifizieren und sie leben.

In einem persönlichen Gespräch mit dem Kommunikationstrainer Dr. Werner Dieball, hob er hervor, dass es wenig Sinn macht, nur auf Methoden abzuheben und zu versuchen den Menschen durch Training ihre Kommunikation zu verbessern. Wichtig ist der Sinn, der dahintersteht, den Menschen nahe zu bringen. Er meinte, dass es wenig Sinn mache, einer Verkäuferin zu erklären, wie sie auf die Kunden zugehen und wie sie die potentielle Käuferin ansprechen soll, wenn ihr gar nicht bewusst ist, warum sie das überhaupt machen soll. Denn ihre Arbeit ist nicht nur die Erledigung ihres Jobs, sondern durch die Qualität ihrer Arbeit geprägt. Sie erhält sich durch ihre engagierte Einstellung ihren Job und steigert mit ihrem Einsatz den

Umsatz der Firma. Ist das gegeben, kann eine verbesserte Kommunikation zur Steigerung ihres Arbeitserfolges führen. Sie unterstützt sich selbst und damit auch ihren Arbeitgeber.

Wenn ich demnach keinen Willen habe mich zu verbessern, dann muss ich auch nicht nach anderen schauen und gucken, wie die Konkurrentinnen es machen.
Das heißt andersherum sollten Sie Ambitionen haben sich zu verbessern, ihren Job zu sichern und das Vorhaben die Firma oder die Behörde, in der Sie sich befinden zu verbessern, dann schauen Sie, wie die anderen das machen. Lassen Sie sich nicht beirren.
Natürlich setzen Sie damit andere unter Druck und wahrscheinlich stressen Sie auch andere Menschen damit, aber letztlich können sie diese Frauen ja auf ihrem Trittbrett mitfahren lassen und sich damit synergetisch gegenseitig unterstützen.
Auch das können Sie gegebenenfalls ansprechen, wenn Sie das Gefühl haben, dass sie gegen den Strom schwimmen, rufen sie die anderen Frauen auf mitzumachen sich zu engagieren.

14. Hierarchien

Wenn wir uns umschauen, gibt es überall
Hierarchien. Etymologisch stammt das Wort aus
dem Altgriechischen (archë -Führung, Herrschaft)
und bezog sich ursprünglich zunächst auf die
Religion.[21]
Da wir wissen, dass die meisten Weltreligionen
strukturell von Männern aufgebaut und erhalten
werden, sieht man, dass es sich bei Hierarchien
herkömmlich meist um von Männern gebaute
Konstrukte handelt.
So ist es auch mit Firmen oder Vereinen. Sie
wurden bis auf wenige Ausnahmen von Männern
aufgebaut und erhalten. Dass da Frauen selten
eine Rolle spielten und auch heute noch in den
Chefetagen unterrepräsentiert sind, ist eher ein
strukturelles Problem und hat wenig mit dem
Gendergedanken zu tun.
Dem Duden entsprechend bedeutet das Wort
Hierarchie Rangfolge, -ordnung. Wir finden sie in
Sportvereinen, Gewerkschaften, Firmen,
Behörden und auch innerhalb von Gruppen. Sie
sind da und wir müssen mit ihnen leben.
Wichtig ist nur, sich klarzumachen, wo Sie sich
darin befinden wollen.
Wenn Sie nach oben wollen, dann sollten Sie das
auch stets signalisieren. Sicherlich sollten Sie
dabei auf ihre Gesundheit aufpassen und sich
nicht mit Aufgaben überschütten lassen, nur weil
andere die Akten gern auf ihren Schreibtisch
ablegen und wissen, dass Sie so lieb sind und

alles übernehmen werden. Aber sind es
Aufgaben, in denen Sie zum Beispiel ihren Chef
oder ihre Chefin vertreten, dann nutzen Sie die
Chance und üben sie Chefin zu sein.

In jedem Job gibt es Situationen, in denen die
Chefin die Zähne zeigt. Die Beweggründe dafür
liegen auf der Hand. Sie behauptet sich dabei in
ihrer Position und gleichzeitig schützt sie ihr
Territorium. Sie verhält sich wie eine dominante
Hündin, sprachlich auf der vertikalen Ebene, und
zeigt, dass sie das Alphatier im Rudel ist.

So verhalten sich Männer und Frauen in
Führungspositionen gleichermaßen. Manchmal
wird es schon durch die Anordnung des
Besprechungstisches und der Stühle im Raum
vorab signalisiert. Dann spielt auch die
nonverbale Sprache eine Rolle, wie das
Zurücklehnen und die Arme, die ausgebreitet auf
dem Tisch liegen. Wenn das alles noch nicht
reicht, kommen auch Formulierungen dazu, wie
zum Beispiel „ich als Schulleiterin;…" oder „in
meiner Leitungsfunktion…..", auch
Formulierungen wie „Als Chefin muss ich …".
Da es sich hierarchisch gesehen in den seltensten
Fällen um Gespräche handelt, die auf Augenhöhe
stattfinden, sollte man diese Hierarchie innerlich
akzeptieren und dies auch nach außen hin
deutlich werden lassen.
Damit ist nicht gemeint, dass man sich nun mit
hängenden Schultern und weinend gegenüber

der Chefin in die Demut selbst verwandeln sollte.
Doch sollten Sie den zugespielten Ball einfach
aufnehmen. In diesem Fall können Sie einfach
sagen. „Ja, Ihnen als Vorsitzende, möchte ich
sagen, dass…“.
Oder „Ihnen als Leiterin der Abteilung, möchte
ich mitteilen, dass…“
Natürlich gilt dies nicht nur für persönliche
Gespräche, sondern auch für Video-Konferenzen,
Meetings oder auch im Schriftverkehr in E-Mails.
Damit ist die Hierarchie von vorneherein klar. Ob
man zuvor ein Duzen oder ein Siezen vereinbart
hat, ist dabei egal. Denn es ändert nichts an der
Hierarchie. Sie sind Kolleginnen im gleichen
Arbeitsfeld, aber keine best friends im Betrieb.
Das sollte man nie verwechseln.

Fühlt sich die Person in der Leitung der Firma
oder Behörde nämlich bedroht. Dann kann der
eigentlich gut gemeinte und freundschaftliche
Vorstoß nach hinten losgehen und sie selbst
schmerzlich treffen.
Dann reichen die Treffer von kleinen
Nadelstichen, wie zum Beispiel „meinen Sie, dass
sie das überhaupt können,“ bis hin zu
öffentlichen Zurechtweisungen. „Ich bin die
Chefin und entscheide, nicht Sie!“
Schlimmstenfalls setzt man
Mobbingbewegungen gegen sich selbst in Gang,
die dann zum Kill-Talk führen können.
<u>Die Angst</u> ganz nach oben zu kommen, liegt
vielen Frauen schwer im Magen. Sie denken

116

anders als Männer. Die machen einfach, bewerben sich, bekommen die Stelle und überlegen nachher, wer ihnen helfen kann. Frauen hingegen wägen vorher ab, führen Gespräche mit ihren Familienmitgliedern und Freundinnen, überlegen wie sie es am besten organisieren, versuchen schon einmal in der Chefabteilung vorher mitzuwirken. Dafür brauchen Sie einen langen Atem, aber das haben Mädchen bei frühen Kindheitsspielen gelernt, sie üben bis sie meinen, perfekt zu sein, bevor sie etwas Neues anfangen.

Warum ich über Angst schreibe? Es ist die Angst am Ende allein zu sein. Herausgehoben aus den eigenen Reihen, verlassen von den Kollegen und Kolleginnen zu sein, die nun auf der Arbeitnehmerseite, auf der anderen Seite stehen. Steht man dann auf der falschen Seite. Muss man sich täglich den Angriffen der Mitarbeiter stellen.

Ich kann Ihnen versichern, dass es nur wenige Menschen gibt, die offenbar für eine Führungsrolle geboren scheinen. Die meisten sind an ihren Aufgaben gewachsen und NEIN!

Natürlich sind Sie nicht allein! Die Kreise, in denen man sich bewegt verändern sich nur, und sicher tut auch Ihnen der Austausch mit anderen Führungskräften gut. Auch bei Fortbildungen lernen Sie neue Menschen kennen, die Ihnen guttun. Das Jonglieren mit den Aufgaben, die sie täglich zu bewältigen haben, das Delegieren von Tätigkeiten und das Zerren mancher Mitmenschen an Befugnissen, Aufgaben und Rechten können Sie sportlich sehen und müssen Sie nicht allein bewältigen.

Zweite Geige

Wer schon einmal ein Konzert gehört und gesehen hat, staunt über die Reihenfolge und die Präzision der Abläufe in einem Orchester.
Als Konzertmeister wird der in einem Orchester am ersten Notenpult außen stehende Stimmführer der Gruppe der ersten Violinen bezeichnet. Er folgt in der Hierarchie gleich nach dem Dirigenten und gibt den Anweisungen des Dirigenten entsprechend den Ton an. Er spielt die sogenannte erste Geige. Nach der müssen sich alle anderen Geigen richten, da sie eine untergeordnete Rolle spielen. Dabei haben die zweiten Geigen nur eine andere Stimme. Demzufolge gibt es verschiedene Musikverwendungen. Sei es die Volksmusik, die Tanzmusik, Band, Rock und vieles mehr, aber eben auch Orchester oder Solomusik.
Hat man dann mal die Möglichkeit die erste Geige zu spielen, weil Sie als Ersatz dafür einspringen sollten, dann sollten Sie auf jeden Fall diese Chance nutzen.

Selbstverständlich sollten Sie sich absprechen, was Sie zu sagen haben. Dennoch sollten Sie sich nicht nur an die nächste Wand drücken, wenn sie den Besprechungsraum betreten, und sich auch nicht so vorstellen. „Ich vertrete nur…" Sondern die Chance nutzen, und deutlich machen, dass man sie ausgesandt hat, um diese Aufgabe zu übernehmen. Versuchen Sie die Chance zu nutzen und sich produktiv einzubringen. Auch hier liegen ihre Chancen in der Nachahmung der anderen Teilnehmerinnen. Tun Sie einfach so, als gehörten Sie schon immer dazu.

Im schulischen Bereich hat sich das Mentorinnen Prinzip bewährt. Es wurde vor einigen Jahren initiiert, damit Frauen den Mut finden, sich auf Schulleitungsposten zu bewerben. Ausdrücklich werden auch Frauen angesprochen, die familiäre Betreuungspflichten haben. Denn man weiß, dass diese Frauen gute Organisationsfähigkeiten mitbringen. In einer individuellen Arbeitsbeziehung zwischen einer erfahrenen Schulleiterin (Mentorin) oder seltener einem Schulleiter (Mentor) und der Nachwuchsführungskraft (Mentee) geht es um die Klärung der Motivation, der persönlichen Ressourcen, der beruflichen Anforderungen und letztlich um die Selbstvergewisserung, dass der Weg in die Leitungsebene der Richtige ist. Mentor und Mentee bilden dabei eine unabhängige Tandembeziehung, aus der ein ehrliches Feedback und eine Bestätigung für die Rolle in der Schulleitung erwachsen kann.

In dem Regierungsbezirk Arnsberg hat dieses
Modell gestartet und zeigt sich erfolgreich.
Es wäre wünschenswert, wenn auch
Firmenbosse solch ein Modell in ihrer Firma
installieren würden, damit den Frauen diese Ur-
Angst vor der Übernahme einer Leitungsaufgabe
genommen werden kann.

15. Solidarität ist das Gegenteil von Konkurrenz

Nachdem mindestens fünf Frauen unabhängig
voneinander in den Netzwerken verbal von

offenbar Rechtsradikalen attackiert worden sind,
haben Sie sich untereinander vernetzt und sich
gegenseitig geholfen. Sie haben gemeinsam ein
klares politisches Statement gesetzt. Seda Basay-
Yildiz postete eine Zeichnung auf Twitter und
schrieb dazu, was sich die Frauen als ironischen
Gruß an den Nazi ausgedacht hatten: „Grüße an
den OberSTRUMPFbandführer - Ihr bekommt
uns nicht klein.“
„Wir stehen zusammen. Wir sind solidarisch. Wir
lassen uns unseren Alltag nicht kaputtmachen“,
sagte danach Martina Renner der Frankfurter
Rundschau.

Gemeinsam haben alle fünf Frauen, dass ein
Rechtsextremist sie mit Beleidigungs- und
Drohmails unter dem Kürzel „NSU 2.0“
einschüchtern wollte. Doch diese Frauen lassen
sich nicht einschüchtern.[22] Daraufhin zeigten
2000 Likes ihres Posts, wieviel sich noch mit
ihnen solidarisch fühlten.
Mit dieser Aktion bewiesen die Frauen nicht nur
Mut und Zivilcourage, sondern zeigten sich
solidarisch, weil ihnen Gleiches widerfahren war.

Dem Duden nach hat das Wort „solidarisch“ zwei
Bedeutungen. Zum einen stimmt man mit
jemandem überein und kann für ihn einstehen.
Es geht um eine Haltung aus dem Gefühl einer
inneren ethisch-politischen Verbundenheit
heraus. Daraus kann eine gemeinsame
Unterstützung von Ideen und Zielen entstehen.

Die andere Bedeutung findet sich in der Rechtssprache wieder. In der es um ein gemeinsames Handeln geht. Dabei fühlen sich die Personen gegenseitig verpflichtet. Sie drückt einen Zusammenhalt aus Individuen oder Gruppen, die sich für gemeinsame Werte einsetzen.[23]

Schaut man sich das Beispiel der oben genannten Frauen an, zeigt es, dass diese beiden Bedeutungen des Wortes untrennbar miteinander verbunden waren.

Dabei muss es nicht sein, dass sich Frauen gegen etwas verbünden. Sondern der Schwerpunkt sollte vielmehr darauf gerichtet sein, dass man gemeinsam für etwas kämpft.

Schaut man in die Bibel, das Buch der Bücher, dann kommt dieses Wort dort nicht explizit vor. Doch gibt es auch dort natürlich viele Beispiele und Modelle für Solidarität.
Mitunter zeigt sich die Solidarität nicht nur in der Bibel, auch heute in europäisch orientierten Ländern in der Teilhabe von Menschen, indem ungleiche Talente und Leistungsfähigkeiten aufeinandertreffen, insbesondere wenn es um die Paralympischen Spiele geht.
Ebenso zeigt sich die Solidarität im Befreiungsmotiv (Ex 20,2) beim Auszug aus Ägypten.

Hinsichtlich der Gesellschaftskritik zeigt sich die
Solidarität in der ökonomischen Unterdrückung.
(Amos 8, 4-6)
Sicherlich ist das oberste Gebot, das mit dem
Begriff Solidarität gleichzusetzen ist, das Gebot
der Nächstenliebe. (1. Joh. 4,20)
Darunter ist auch die Nächstenliebe zu Fremden
(Samariter - Lk. 10, 25-37) oder Diskriminierten
(Zöllner Lk. 19,1 -10) zu verstehen.
Wir wissen heute, dass die Kirche, insbesondere
die katholische Kirche und die herrschaftlichen
Strukturen von Männern dafür gesorgt haben,
dass Frauen davon Jahrhunderte lang
ausgeschlossen und sogar umgebracht wurden.[23]
Doch auch in der Bibel gab es starke Frauen, die
davon profitierten, dass sich andere Menschen
mit ihnen solidarisch zeigten.
Es gab nicht nur Hebammen (2. Mose / Exodus1;
15-21) oder die Richterin Debora (Richter 4-5),
die Prophetin Hulda (2 Könige 22, 14-20), Frauen,
die zum Kreis der Anhänger Jesus gehörten und
Maria Magdalena und Maria.
Die überlieferten christlichen Texte sahen nie
einen Ausschluss oder die Ermordung von Frauen
zum Machterhalt der Männer vor. Sie meinten
alle Menschen!

Und dennoch fand die erste
Weltfrauenkonferenz erst 1935 statt. Sie geht
auf Clara Zetkin zurück. Daraus erwächst ein
neues Selbstbewusstsein von Frauen.

Auf der vierten Weltkonferenz der Frauen wurde festgehalten, dass die gesetzten Zukunftsstrategien nicht erreicht worden waren. Es wurde eine Aktionsplattform mit zwölf Schwerpunktthemen geschaffen. Dabei geht es prioritär um Frauen und bewaffnete Konflikte, Gewalt gegen Frauen, Frauen und Mädchen in Medien. Dieser Beschluss von Beijing, wird in verschiedenen Treffen der Vertreterinnen und Vertreter der Mitgliedstaaten, Wirtschafts- und Sozialrat der Vereinten Nationen immer wieder auf den Prüfstand gestellt und die Absicht bekundet, die Agenda 2030 zu verwirklichen.

Im deutschen Bericht[25] zeigt sich eine umfassende Überprüfung dieser Herausforderungen an die Gesellschaft. Dabei geht es um Frauen in Führungspositionen oder die Ungleichbehandlung von Frauen bei der Entlohnung ihrer Arbeit. Auch die Anteile von Frauen in Aufsichtsräten wurden dabei geändert. Im Jahr 2018 wurde dieser Anteil auf eine Quote von 50% erhöht. Weiterhin geht es um die Bekämpfung von Gewalt gegen Frauen und Mädchen und pragmatischen Lösungsansätzen wie zum Beispiel die Einrichtung eines Hilfetelefons.

Am 08. März findet jedes Jahr der internationale Frauentag statt. Er entstand aus einer Initiative sozialistischer Organisationen und macht seit ca. 100 Jahren auf die Ungerechtigkeiten gegenüber

Frauen weltweit aufmerksam. Am 08. März 2021 fand der Tag pandemiebedingt überwiegend digital statt.
Er stand unter dem Motto: „Frauen in Führungspositionen: Eine gleichberechtigte Zukunft in einer Covid-19-Welt erreichen."

Weiterhin wurde von den Vereinten Nationen ein gleiches Entgelt, gleiche Aufteilung unbezahlter Pflege und Hausarbeit zwischen beiden Geschlechtern sowie ein Ende aller Formen von Gewalt gegen Frauen und Mädchen gefordert.
Von 193 Mitliedstaaten der Vereinten Nationen hatten Anfang 2018 lediglich 143 die Gleichstellung der Geschlechter in ihre Verfassung aufgenommen. Dabei sind Frauen und Mädchen meist stärker von Armut, Hunger, schlechter Gesundheitsversorgung und einen mangelnden Zugang zur Bildung betroffen.
Um so befremdlicher fand ich es auch dieses Mal wieder, wenn sich die Menschen in den Netzwerken zwar gegenseitig auf diesen Tag aufmerksam machen, doch die Inhalte außer Acht lassen und sich gegenseitig zu diesem Tag beglückwünschen, als sei es ein Geburtstag, den es zu feiern gilt.
Hier sollte doch die Frauenbewegung eher im Vordergrund stehen, die sich für die Rechte von Frauen weltweit stark macht. Denn Frauenrechte sind Menschenrechte. Leider ist dieser Tag <u>nicht</u> allen Menschen in der BRD geläufig, oder wird in

Schulen, Vereinen und allen Gewerkschaften
thematisiert, er findet offenbar auch immer noch
zu wenig Akzeptanz in vielen Bundesländern. So
ist der Tag nur in Berlin ein gesetzlicher Feiertag.
Warum er in den anderen Bundesländern kein
Feiertag ist, bleibt mir ein Rätsel. Ist es doch ein
Tag im Jahr, an dem erinnert wird und das
Augenmerk auf die Solidarität unter Frauen
gelenkt werden kann. Nur wenn man daran
erinnert und auf sie aufmerksam macht, kann
man sie lernen; üben und leben.

Da stehen kleine Mädchen mit elf Jahren auf, wie
eine Malala Yousafzai aus Pakistan, oder Leymah
Gbowee aus Liberia, Aung San Suu Kyi aus
Myanmar und machen uns vor, wie es geht. Und
wir tun so, als ob es in der BRD eine
Gleichberechtigung gäbe? Mittlerweile werden
durch die genannten Organisationen doch auch
bei uns Strukturen geschaffen, die es
ermöglichen, dass Frauen in Führungspositionen
gelangen können. Das wird zum Teil politisch,
scheinbar über unsere Köpfe hinweg organisiert.
Doch sollten wir Frauen auch diese Chancen
nutzen, uns gegenseitig unterstützen und uns
nicht dabei behindern.
In einem Interview von Sophie Crocoll mit der
Netzwerkgründerin Frederike Probert geht es
darum, dass Frauen endlich lernen müssen, wie
sie die Karriere anderer Frauen stärken können.[26]
Frauen gründen immer noch zu wenige
Unternehmen. Das muss sich ändern. Denn

Frauen können diese Unternehmen von innen
aufbauen und stabilisieren.[27]

16. Das Bienenköniginnen Syndrom

Wenn es um Frauen in Jobs geht, sollte man das Bienenköniginnen-Syndrom kennen. Wissenschaftler der University of Michigan prägten in den 1970er Jahren diesen Begriff. Sie hatten 20 000 Antworten auf eine Umfrage unter Lesern der Zeitschrift Psychology Today ausgewertet. Sie stellten fest, dass sich Frauen bisweilen gern dem Aufstieg anderer Frauen entgegenstellen. Seitdem stützten weitere Studien dieses Ergebnis. Unter anderem eine Studie zu weiblichen Managern, die herausfanden, dass Frauen, die für dieses Bienenköniginnensyndrom anfällig waren, bei ihrem Aufstieg selbst Geschlechter-Diskriminierungen erfahren hatten. Sheryl Sandberg CEO von Facebook brachte dieses Phänomen in ihrem Buch „Lean In – Frauen und der Wille zum Erfolg" auf den Punkt, in dem sie schrieb:

„Frauen verinnerlichen diskriminierende kulturelle Einstellungen oft, ohne es zu merken und werfen sie dann wie ein Echo zurück."[28]

Bekanntlich haben Honigbienen eine Königin. Sie ist die größte von allen Bienen und das einzige geschlechtsreife Weibchen im gesamten Volk. Sie ist für den Fortbestand des Volkes zuständig, da nur sie die Eier legen kann. Mit ihrem Stachel tötet sie Rivalinnen. Im Gegensatz zu den anderen Bienen, die nur wenige Monate leben, kann sie sich vier Jahre im Stock halten.

Psychologen beobachten bei Frauen in Führungspositionen, dass diese Frauen andere Frauen als Rivalinnen empfinden. Eventuell haben viele Frauen dieses Bedürfnis in Beziehungen, Gruppen oder Kreisen, in denen mehrere Frauen aufeinandertreffen. Doch macht es sich gerade im Job für Frauen besonders nachteilig bemerkbar. Sie stechen andere Frauen aus, indem sie in Einstellungsgesprächen eher Männern die Stelle geben möchten, oder sie versuchen es anderen Frauen, die bereits im Job sind, besonders schwer zu machen. Sie möchten wie eine Bienenkönigin ihre Mitarbeiterinnen wie Bienenammen oder Arbeiterbienen kleinhalten, um ihren Sonderstatus zu sichern. Sie wissen, wie schwer der Weg in diese Führungsrolle war und möchten diese daher nicht verlieren.

Die gesundheitlichen Folgen dieser weiblichen Bossings sind Schlaflosigkeit, starke Kopfschmerzen und Depressivität.[29]

Mittlerweile hat man festgestellt, dass dieses Phänomen doch nicht ganz so verbreitet ist, wie man anfangs dachte, trotzdem ist es fast überall zumindest latent vorhanden.

Frau W., eine Instagramerin, ist eine ausgesprochen schöne Frau (30), die nach einem guten Abschluss in Grafikdesign sich entschlossen hatte auch noch Sport zu studieren. Sie wollte letztlich ihr Hobby zum Beruf machen und mit dem Abschluss Fitness-Trainerin in dem Sportstudio werden, in das sie seit Jahren gegangen war. Nach einem hervorragenden Abschluss des Studiums hatte sie sich mehrere Jahre hintereinander auf die Stellenausschreibungen des Studios beworben. Doch sie wurde zu den Einstellungsgesprächen nicht einmal eingeladen.
Etwas später nahm ein Trainer dieses Studios sie an die Seite und zeigte ihr ihre Bewerbungsunterlagen. Er wies sie freundschaftlich darauf hin, dass sie niemals Aussichten auf eine Stelle in diesem Fitnessstudio haben würde, weil ihm die Chefin gesagt habe, dass Frau W. einen zu guten Abschluss habe und sie ihre Konkurrenz fürchte.

Die Bienenkönigin hatte der Biene keine Chance gegeben sich ihr zu nähern. Als Stammkundin und Sportlerin war Frau W. gut genug, als Mitarbeiterin war sie aufgrund der empfundenen Konkurrenz eine Feindin, die außen vor bleiben sollte.
Was hatte die Bienenkönigin für eine große Chance damit vertan, denn wenn sie Frau W. eingestellt und gefördert hätte, hätte sie nicht nur ihr Studio bereichert, sondern sie hätte auch

eine zuverlässige Stellvertreterin aufbauen
können.

Doch es gibt Frauen, die andere Frauen bewusst
fördern.
Eine Studie der Credit Suisse zeigt, dass wenn
weibliche Führungskräfte andere Frauen fördern
wollen, sie dies offener und effektiver tun, als
Männer. Dabei hängen die Bienenvolkstrukturen
von den Unternehmensbereichen ab. In
Dienstleistungsbereichen haben Frauen
Aufgabenbereiche, die weniger einflussreich
sind. Damit haben sie geringere Chancen
aufzusteigen. In weiblich geführten
Unternehmen mit breit aufgestellten Funktionen
haben Frauen eine höhere Wahrscheinlichkeit
befördert zu werden.

Wie Frauen durch die Karriere Pipeline gelangen,
hängt nicht nur davon ab, sondern auch von der
Region, in der die Unternehmen liegen.
Die Studie stellt in Frage, ob das
Bienenköniginnen-Syndrom so allgemeingültig
ist, wie ursprünglich angenommen. Frauen
können mehr Frauen fördern, sind aber immer
noch bei CEOs stark weltweit unterrepräsentiert.
Frauen, die in Führungsebenen aufsteigen
wollen, müssen dies meist mit der Zustimmung
ihrer männlichen Vorgesetzten tun, die
wiederum deutlich weniger dazu neigen, Frauen
zu befördern. Zudem sieht man, dass der
Integrationswille mehr Frauen in die

Vorstandsebenen zu heben noch nicht zu mehr Frauen in Managementfunktionen geführt hat. So wurde der Frauenanteil Ende 2015 um 80 Prozent erhöht, so dass über 24 % Frauenanteil in Vorständen vorhanden ist.[30]

Was tut man nun, wenn man feststellt, dass man sich im Kill-Talk befindet und feststellt, dass es offenbar daran liegt, dass man eine sogenannte Bienenkönigin zur Vorgesetzten hat?

Der Weg daraus kann sein, die Flucht in einen anderen Betrieb beziehungsweise eine andere Behörde oder der Versuch genau darüber ein Gespräch mit der Vorgesetzten zu führen. Denn genau darin liegt die Chance etwas für die Welt um sich herum und für sich selbst zu verändern. Wie Sheryl Sandberg selbst gesagt hat, ist es diesen Frauen nicht bewusst, dass sie sich so vernichtend gegenüber anderen Frauen verhalten. Denn die Vorgesetzte agiert und spricht auf der horizontalen Ebene, um ihre Position zu halten. Wenn man jedoch gar kein Interesse hat, diese Position anzugreifen, dann sollte man das nicht nur durch die eigene Arbeit signalisieren, sondern das Gespräch genau darüber suchen. Denn oft laufen diese Prozesse nicht bewusst ab, sondern werden durch andere Mitarbeiter forciert. Manchmal kann auch Eifersucht mit im Spiel sein, weil man bei den Kollegen beliebt erscheint, oder ein gewisser Neid, weil man etwas besser als die Chefin kann.

17 Schwarm Gedanke

Ein Schwarm ist dem Duden entsprechend eine größere Anzahl sich zusammen fortbewegender Tiere beziehungsweise Menschen. Das Wort stammt aus dem althochdeutschen „swarm" und hat die Bedeutung, dass sich Individuen zu einem Kollektiv zusammenschließen, um ein Ziel gemeinsam zu erreichen. In der Tierwelt finden wir das bei Fischen, Vögeln, Insekten oder auch Bakterien. Bereits 1986 brachten interessante Computersimulationen von Schwärmen drei Regeln hervor.

1. Bewege dich in Richtung des Mittelpunktes derer, die du in deinem Umfeld siehst. Dann kann man von Kohäsion sprechen. Im Idealfall bewegt sich der Schwarm als Einheit in eine Richtung.
2. Bewege dich weg, sobald Dir jemand zu nahekommt (Seperation). Damit ist eine gewisse Distanz gemeint, aber nicht so weit, dass der Schutz des Schwarms verlorengeht, dennoch so weit, dass die Bewegung im Schwarm möglich ist.
3. Als Alignment wird die Bewegung in eine Richtung bezeichnet. Bewege dich so, wie es deine Nachbarn oder Mitmenschen tun.[31]

2007 hat der Physiker und Vogelforscher Andrea Cavagna weiterhin herausgefunden, dass nicht unbedingt die Schwarmspitze

Richtungsänderungen im Vogelschwarm
hervorruft, sondern jedes Individuum kann eine
Richtungsänderung hervorrufen, so dass sich ein
Schwarm neu ausrichten kann. Was hat der
Schwarm nun mit uns zu tun?
Fliegt ein Greifvogel auf Vögel zu, die im
Schwarm fliegen, kann der Schwarm ihn
umschließen, so dass er sich als flugunfähig
abfallen muss.[32]
Das gilt auch für uns Menschen, wir haben
zusammengehalten und tun es immer noch um
einem, auf der ganzen Welt grassierenden und
gefährlichen Virus, die Stirn zu bieten.
Wir können das auch für uns als Frauen tun.
Anstatt uns gegenseitig anzugehen oder uns
hinter dem Rücken der anderen in Misskredit zu
bringen, können wir uns clever gegenseitig
stärken. Natürlich könnte man sagen, wir haben
doch aber Hierarchien und wie soll ich meine
Position darin ändern, wenn ich sie nicht
angreife?
Ganz einfach, indem ich sie, wie bereits schon
dargestellt, akzeptiere und für meine
Mitstreiterinnen und mich selbst das beste
heraushole.
Was liegt also näher als langsam damit
anzufangen clever im Schwarm zu denken. Das
heißt mit dem Bewusstsein zu denken und zu
handeln, dass ich andere respektiere, sie fühle
und verstehe und mich mit ihnen so
auseinandersetze, dass ich nicht davon „fliege"

oder „schwimme", sondern mit ihnen zusammen einen Weg gehe.

Sollte ich feststellen, dass es mit meinen Grundsätzen nach den Auseinandersetzungen nicht vereinbar ist, kann ich immer noch meiner Wege gehen und versuchen mich einer anderen Gruppe anzuschließen. Viele Vögel fliegen in langen Ketten oder in V-Formationen, das hat sicherlich je nach Vogelart seinen Sinn und so ist es vielleicht auch mit manchen beruflichen Bereichen wie zum Beispiel der Bundeswehr, in denen Menschen tätig sind.

Doch bin ich ein Mensch, der mit anderen Menschen gern zusammenarbeitet, dann ist eine Firma oder eine Behörde, die stark hierarchisch arbeitet, sicherlich nicht der richtige Ort, um mich als Frau nach vorn zu bewegen. Letztlich wartet man darauf, dass der/die Vorgänger- /in eine Stelle frei macht, damit man diese Stelle einnehmen kann.

1. Nutze den Auftrieb, den der Flügelschlag eines vor dir fliegenden Vogels verursacht.
2. Nimm dabei eine Position ein, von der du aus ungestört nach vorn blicken kannst.[33]

Lebt man aber das Schwarmverhalten, dann kann man die Bewegung, Äußerung oder Handlung, die eine einzelne Person macht und die man als positiv wahrnimmt, stärken. Motiviere ich andere dazu mitzumachen, dann bildet sich ein Kollektiv.

Spiegelneuronen werden dabei in unseren
Gehirnen gestärkt. Das sind spezielle
Nervenzellen, die den Menschen zum
mitfühlenden Wesen machen. Sie gehören zur
Grundausstattung eines menschlichen Gehirns
und sind somit schon bei der Entstehung des
menschlichen Gehirns im Mutterleib vorhanden.
Natürlich werden sie auch durch die Einflüsse,
die von außen kommen in ihrer Entwicklung
beeinflusst. Auch wenn ihre Entstehung bis zum
vierten Lebensjahr ungefähr abgeschlossen ist,
können sie sich ein Leben lang weiterentwickeln.
Sie sind dafür verantwortlich, was wir Empathie
nennen.
Spiegelneuronen funktionieren unbewusst,
Tonfall, non-verbale Sprache und gesprochene
Sprache werden von unseren Gehirnen
wahrgenommen, spezifische Spiegelneuronen
werden aktiviert, und Gefühle wie in einem
Resonanzraum in Schwingungen gebracht.
Freude kann ansteckend sein, so dass man selbst
Freude empfindet, obwohl es keinen direkten
Anlass möglicher weise dazu gibt (zum Beispiel
Lach-Yoga). Das Lachen ist ansteckend, obwohl
es keine Bedeutung hat.
Doch in Besprechungen muss man davon
ausgehen, dass alles eine Bedeutung hat. Wir
gehen aufmerksam und hochsensibel in
bestimmte Meetings und gleichen die Gespräche
mit unserer Erwartungshaltung ab. Aufgrund
unserer Erfahrungswelt wird sofort das

Wahrgenommene dechiffriert und kurz
überprüft.
Die Funktionen dieser Neuronen sind für unser
alltägliches Zusammenleben unentbehrlich, weil
wir bestimmte Muster abgespeichert haben, die
uns bedeuten, was viele Handlungen bedeuten.

Das heißt jetzt nicht, dass ich die Gedanken und
Gefühle meiner Mitarbeiterinnen erraten
müsste. Das sicher nicht. Denn im Gegenteil, als
Frau habe ich ein Talent aufgrund meiner
Neuronen und meines chemischen
Hormoncocktails im Körper bestimmte
Schwingungen in Gesprächen wahrzunehmen
und mir das zunutze zu machen. Meine ich eine
Abneigung zu spüren, weil ich mit meiner neuen
Idee eventuell alte Strukturen in einem Meeting
durchbreche, dann kann ich das ansprechen und
mir damit rhetorisch geschickt, den Weg zu
meinem Ziel bahnen.
So muss ich nicht unbedingt von unangenehmen
Schwingungen im Raum sprechen, die ich zwar
spüre, aber die mich evtl. in eine esoterische
Ecke stellen, sondern, ich sage einfach, dass ich
meine Idee hier vorstellen möchte, auch wenn
ich damit Gefahr laufe, alte Strukturen oder
verkrustete Verfahren aufzubrechen, die
vielleicht sogar Arbeit verursachen, ein neues
Formular zu erstellen oder eine neue
Herangehensweise an eine Marketingidee zu
eröffnen.

Schaffe ich es dann noch, mir zuvor eine gewisse Lobby zu verschaffen und andere Gesprächsteilnehmerinnen für meine Sache zu gewinnen, baue ich ein Kollektiv auf.
Das kann ich noch toppen, indem ich in der Besprechung selbst nicht nur die Argumente für mein Projekt im High-speach Modus vorstelle, sondern meiner Begeisterung dafür viel freien Lauf lasse. Das Kollektiv verselbständigt sich und wird im besten Fall, wenn ich die Störer geschickt ausschalte, zu einem Schwarm, der in eine Richtung agiert und mithilft mein Projekt zu tragen.
Ebenso kann ich natürlich auch die Projektidee meiner Kollegin im kollektiven Denken durch non-verbale Sprache, wie klopfen bis hin zu überzeugenden Argumenten stärken. Es entstehen dadurch win-win Situationen, die für alle Seiten gewinnbringend sind.
Eine Gewerkschaft, Firma oder Behörde, die einen kollektiv denkenden Charakter ausbildet und in dieser Hinsicht breit aufgestellt ist, nimmt ihre Kolleginnen ernst, bezieht sie in die Arbeit erfolgreich mit ein und entwickelt eine erfolgreiche Sogwirkung.
Diese Cleverness setzt sich langanhaltend, erfolgreich und zufriedenstellend durch.

Literaturverzeichnis

1   Vgl. Willems, Walter, <https://www.tagesspiegel.de/wissen/in-einer-hoehle-in-indonesien-aelteste-hoehlenmalerei-entdeckt/26798680.html> „Älteste Höhlenmalerei entdeckt“; dpa; 15.01.2021; 11:05; zuletzt aufgerufen 14.10.21; 14:52

2   Vgl. Hinnenkamp, Volker: „Missverständnisse in Gesprächen: Eine empirische Untersuchung im Rahmen der interpretativen Soziolinguistik“; Westdeutscher Verlag; 1998

3   Vgl. o.V., <https://www.spektrum.de/lexikon/philosophie/strukturalismus/1951> Metzler Lexikon Philosophie; Strukturalismus; Springer Verlag; zuletzt aufgerufen 14.10.21, 15:00

4   Vgl. Watzlawick, Paul u.a.: „Kommunikation“; Hogrefe Verlag, 2016

5   Vgl. Schulz von Thun, Friedemann: Miteinander Reden; Bd. 1, 2, 3, dtv Verlag; 2010

6   Vgl. Tannen, Deborah; YOU JUST DON´T UNDERSTAND; Hrsg. William Morrow; 2007

7   Vgl. Kebekus, Carolin; ES KANN NUR EINE GEBEN; Kiepenheuer & Witch Verlag; Köln 2021; Vorbilder; S. 325ff

8   Vgl. Kindel, Constanze; „Wie sich Frau und Mann unterscheiden: Verblüffende Erkenntnisse der neuen Forschung“, <https://www.geo.de/wissen/22301-rtkl-geschlechterforschung-wie-sich-frau-und-mann-unterscheiden-verblueffende> zuletzt aufgerufen am 28.03.2022, 14:30

9   Vgl. Erna Bojt; Conceptual Change aus kognitionstheoretischer und situierter Sicht; Ein Vergleich verschiedener Ansätze zur Wissensveränderung; Hochschule Nordwestschweiz; Seminararbeit 2014

10 Vgl. Schnotz W.; Carretero Mario; New Perspectives on Conceptual Change; Hrsg. W. Schnotz; Emerald Group Publishing limited; 17.12.1999

11 Vgl. o.V., <https://www.wissenschaft.de/gesellschaft-psychologie/die-wirkung-von-kleidern-psychologie-in-der-mode/> 18.02.2020; zuletzt aufgerufen 28.03.2022, 14:45

12 Vgl. o.V., AMK Onlineservice – Rechtsdienstleistungen, <https://www.datentransfer24.de/Frauenkleidung-beruf.html>, zuletzt aufgerufen 14.10.21; 16:15

13 Vgl. Mai, Jochen; Farbpsychologie, <https://karrierebibel.de/farbpsychologie/> zuletzt aufgerufen am 13.03.2022

14 Vgl. Statistisches Bundesamt; Presseportal; Gender Pay Gap 2019; Frauen verdienten 20% weniger als Männer; Verdienstunterschied bei 4,44 Euro brutto pro Stunde, <www.presseportal.de/pm/32102/4547892>, Wiesbaden; ots, 16.03.2020; zuletzt aufgerufen 14.10.21; 16:27

15   Vgl. Könemann, Tanja; Gesellensetter, Catrin; Management;
        Entschuldigung darf ich bitte mitspielen,
        <https://amp.focus.de/finanzen/karriere/management/kom
        munikation/entschuldigung-darf-ich-bitte-mitspielen-
        management_id_1823804.html> 05.10.2015; S. 1-4; zuletzt
        aufgerufen 14.10.21; 16:45

16   Vgl. Satalow, Robert T.; „Die menschliche Stimme"; Spektrum
        der Wissenschaft Verlagsgesellschaft mbH 11/ 1993; S. 74

17   Vgl. Modler, Peter: Das Arroganz Prinzip, Fischer Verlag; 2018

18   Vgl. Lotter, Maria-Sybilla; Schuld und Strafe: Was ist Schuld? -
        Forschung & Lehre, <https://www.forschung-und-
        lehre.de/zeitfragen/was-ist-schuld-2269>, 04.11.2019 — Der
        Schuldbegriff – zuletzt aufgerufen 14.10.21; 14:15

19   Vgl. o.V., Dorothee Bär sorgt im hautengen Latex-Kleid für
        Furore, 10.04.2019,
        <https://www.welt.de/vermischtes/article191667201/Doroth
        ee-Baer-sorgt-im-hautengen-Latex-Dirndl-fuer-Furore.html>
        zuletzt aufgerufen 28.03.2022, 14:45

20   Vgl. AFP; Zypries will „künftig nicht mehr so formell
        angezogen" sein,
        <https://de.sports.yahoo.com/news/zypries-will-künftig-
        mehr-so-formell-angezogen-
        085953447.html?guccounter=1&guce_referrer=aHR0cHM6Ly
        93d3cuZ29vZ2xlLmNvbS8&guce_referrer_sig=AQAAAIQAeDV
        8YlP6gEEyTfMoX90bZC48c33zeNzITjXd-
        Y7gfCZZA0t_HgbecU6IJfpcO71Jhnu8Z0dw8FAd_Knf1y9-
        nf9WzbA4BzYRx8NTg-rgjLjS08-
        qEu5DLsHv2RssNk61ADK9D6DVb9qY8aMd5mPClPVZXGK_QU
        N9WU70_UWd> 14.03.2018; zuletzt aufgerufen 15.10.21;
        18:45

21   Vgl. „Hierarchie", bereitgestellt durch das Digitale
        Wörterbuch der deutschen Sprache,
        <https://www.dwds.de/wb/Hierarchie>, abgerufen am
        13.03.2022.

22   Vgl. Von Bebenburg, Pitt; Wir stehen zusammen. Wir sind
        solidarisch; Frankfurter Rundschau,
        <https://www.fr.de/politik/wir-stehen-zusammen-sind-
        solidarisch-13838554.amp.html>, 20.07.2020; 17:51, zuletzt
        aufgerufen 15.10.21, 18:30

23   Vgl. Bretschneider, Jan: Was bedeutet Solidarität - Definition
        und Bedeutung erklärt mit einfachen Beispielen;
        Rechtsphilosophie,
        <https://www.juraforum.de/lexikon/solidaritaet>, zuletzt
        aktualisiert 13.03.2022, zuletzt abgerufen am 28.03.2022,
        15:00

24   Vgl. Ebner, Martin, <https://www.uni-
        muenster.de/imperia/md/content/fb2/c-
        systematischetheologie/christlichesozialwissenschaften/gabri

el/solidaritaet_ws0708/modulforum_powerpoint_6.pdf>
zuletzt abgerufen am 28.03.2022, 15:00

25   Vgl. Hrsg. Bundesministerium für Familie, Senioren, Frauen
       und Jugend, Peking + 25, Bericht der Bundesregierung der
       Bundesrepublik Deutschland zur Umsetzung der Pekinger
       Erklärung und Aktionsplattform (1995). Deutsche Fassung des
       Berichtes an die UNECE, bmfsfj.de,
       <https://www.bmfsfj.de/resource/blob/160870/4d2e3cc992
       14a5708b338d785387e7d9/peking-25-bericht-data.pdf>,
       veröffentlicht. 13.03.2021

26   Vgl. Crocol, Sophie; Frauen müssen lernen, wie sie die
       Karriere anderer Frauen stärken können; Wirtschaftswoche;
       Weibliche Führungskräfte; 03.01.2020

27   Vgl. Terra X, „Schwarmintelligenz: Überleben im Kollektiv",
       ZDF, <https://www.zdf.de/dokumentation/terra-x/plus-
       schule-schwarmintelligenz-100.html>, 05.05.2021

28   Vgl. Sandberg, Sheryl: „LEAN IN"; „Frauen und der Wille zum
       Erfolg"; Ullstein Taschenbuch, 8. Aufl.; 06.02.2015

29   Vgl. § 3 Abs. 3 AGG

30   Vgl. Kay, Rosemarie: „Diagnose Bienenköniginnen Syndrom,
       <https://www.welt.de/print/welt_kompakt/print_wirtschaft/
       article181208724/Gastbeitrag-Diagnose-Bienenkoenigin-
       Syndrom.html>, veröffentlicht am 17.08.2018, zuletzt
       abgerufen am 28.03.2022, 15:15

31   Vgl. o.V., <https://www.biologie-
       seite.de/Biologie/Schwarmverhalten>, zuletzt abgerufen am
       28.03.2022, 15:15

32   Vgl. Aufleger, Stefanie: Lebendige Unternehmen lernen von
       der Natur (Das STEAUF-Prinzip: „Wie managt die Natur?",
       „Lebendige Unternehmen spielen", Lebendige Unternehmen
       lernen von der Natur, Tredition Verlag, erschienen
       04.01.2019